ABC Deutsch

Yoshitaka Kakinuma
Yoko Kurogo
Megumi Sato
Matthias Wittig
Takashi Yahaba

HAKUSUISHA

音声ダウンロード

この教科書の音源は白水社ホームページ（https://www.hakusuisha.co.jp/download/）からダウンロードすることができます。
（お問い合わせ先：text@hakusuisha.co.jp）

DL 02 ダウンロード音源収録箇所

音声収録：Diana Beier-Taguchi ／ Matthias Wittig
イラスト：ビティヒ洋未
本文デザイン：多田昭彦

はじめに

Herzlich willkommen! ドイツ語の世界へようこそ！

本書では、できるだけパートナーと口頭練習をしたりしながら、ドイツ語の仕組みを実際に使いながら覚えることを目指しました。外国語を身につけるのに特殊な才能は必要ではありません。反復練習すればするほど身につきます。スポーツと同じです。はじめは不器用な動作も、繰り返すことで流れるように動くようになります。皆さんにとっての新しい言語であるドイツ語は、簡単に覚えられないように思えるかもしれません。それでも、耳で聞いたり、口で話したり、目や口で読んだり、手で書いたりしながら、「ドイツ語の筋肉」を鍛えていってください。

1つの課は3つの見開き6ページで構成されています。最初の2つの見開きでは、Dialogを読んだり、実際に発話した後に、言葉を入れ替えながらパートナーと練習しましょう。見開きの右ページでは、ドイツ語の仕組みを説明しています。それを読んで、仕組みを理解したら、6ページ目の練習問題で実践してみましょう。さらに5ページ目ではドイツ語のまとまった文章を読んでみましょう。ここは訳読するのが目的ではなく、ドイツ語をドイツ語らしく読み慣れる練習が主眼です。訳は、必要に応じて、先生に教えてもらってください。ドイツ語の発音を磨くための練習もついています。

この教科書を通して、皆さんがドイツ語の世界を楽しんでくださることを願っております。

2024年春

著者一同

目　次

ドイツ語の発音

1. Das Alphabet

DL 02

A a	**B b**	**C c**	**D d**	**E e**	**F f**	**G g**	**H h**	**I i**	**J j**
K k	**L l**	**M m**	**N n**	**O o**	**P p**	**Q q**	**R r**	**S s**	**T t**
U u	**V v**	**W w**	**X x**	**Y y**	**Z z**	**ß**	**Ä ä**	**Ö ö**	**Ü ü**

練習：次のアルファベートを読んでみましょう。

DL 03

a) **EU**　b) **VW**　c) **USA**　d) **BMW**　e) **BRD**　f) **ZDF**

2. ドイツ語特有の文字と発音

DL 04

【3つのウムラウト(変母音)】

Ä ä	**Bäcker** パン屋	**Bär** クマ
Ö ö	**Köln** ケルン	**Öl** 油
Ü ü	**Düsseldorf** デュッセルドルフ	**müde** 疲れた
母音の**y**	**Hymne** 讃歌	**Typ** タイプ

【ß (エスツェット)】

すぐ前に長母音や二重母音がくるときにßと書き、短母音が来るときにはssと書きます。

ß	**Fuß** 足	**groß** 大きい	**Maß** 尺度
ss	**essen** 食べる	**Fluss** 川	**Kuss** キス

3. 母音

DL 05

【a, e, i, o, u】

長母音	**Vater** 父	**Bruder** 兄、弟	**Opa** 祖父	**Oma** 祖母
短母音	**Mutter** 母	**Schwester** 姉、妹	**Onkel** おじ	**Tante** おば

【二重母音au, ei, eu/äu】

au	**Auto** 自動車	**Haus** 家	**Bauhaus** バウハウス
ei	**Eis** 氷	**frei** 自由な	**nein** いいえ
ie	**Kiel** キール	**Liebe** 愛	**Brief** 手紙
eu/äu	**neun** 9	**Europa** ヨーロッパ	**träumen** 夢見る

【母音＋h】	**gehen** 行く	**Brahms** ブラームス	**Ruhe** 静けさ
【母音化する-r】	**hier** ここで	**Messer** ナイフ	**hörbar** 聞きうる

4. 注意したい子音

DL 06

s + 母音	**Sommer** 夏	**sehr** とても	**Sie** あなた(がた)
ch	**ich** 私は	**Küche** キッチン	**München** ミュンヘン
	Bachバッハ	**Koch** コック	**Buch** 本
	Bauch お腹		
sch	**Tisch** テーブル	**Schule** 学校	**Geschichte** 歴史
sp（音節はじめ）	**Sprache** 言語	**Spiel** 遊び	**aussprechen** 発音する
st（音節はじめ）	**Student** 大学生	**Stift** ペン	**ausstehen** 耐える
tsch	**tschüs** バイバイ	**Deutsch** ドイツ語	**Tschechien** チェコ
ig（語末）	**fleißig** 熱心な	**dreißig** 30	**König** 王
j	**ja** はい	**Japan** 日本	**Judo** 柔道
ng	**lang** 長い	**eng** 狭い	**Lunge** 肺
b, d, g（音節末）	**halb** 半分の	**Herbst** 秋	
	Abend 夕	**Hund** 犬	
	Tag 一日	**Berg** 山	
qu	**Quelle** 泉	**Quote** 率	**Qualität** 質
v	**Vater** 父	**viel** 多い	**Veranstaltung** 催し物
外来語の**v**	**Vase** 花瓶	**Violine** ヴァイオリン	**Universität** 大学
w	**was** 何	**Wien** ウィーン	**wohnen** 住む
x	**Taxi** タクシー	**Text** テクスト	**Examen** 試験
chs	**sechs** 6	**Fuchs** キツネ	**Wachs** ワックス
z	**Zeit** 時	**zusammen** 一緒に	**Zeitschrift** 雑誌

練習1：発音してみましょう。パートナーとあいさつしましょう。 DL 07

Hallo! やあ！

Guten Morgen! おはよう！ **Tschüs!** バイバイ！

Guten Tag! こんにちは！ **Auf Wiedersehen!** さようなら！

Guten Abend! こんばんは！

練習2：ドイツ語の長い単語を読んでみましょう。 DL 08

Kunstgeschichte 美術史 **Vierteljahresschrift** 季刊誌

Bushaltestelle バス停 **Wirtschaftswissenschaften** 経済学

練習3：早口言葉です。ゆっくり発音してみましょう。 DL 09

Fischers Fritz fischt frische Fische, frische Fische fischt Fischers Fritz.
漁師のフリッツは新鮮な魚を捕る、新鮮な魚を捕るのは漁師のフリッツ。

Ach, ich brauche auch ein Buch von Bach!
ああ、私もバッハの本が必要だ！

In der Nacht macht der Koch in der Küche Licht.
夜にコックはキッチンで明かりをつける。

Zwischen zwei Zwetschgensteinen zischen zwei Schlangen.
２つのスモモの種の間で２匹のヘビがシューシュー言う。

Brautkleid bleibt Brautkleid, Blaukraut bleibt Blaukraut.
花嫁衣装は花嫁衣装のまま、青キャベツは青キャベツのまま。

ドイツ語圏の地図

Dänemark
Kiel
Hamburg
Schwerin
Bremen
Elbe
Polen
Berlin
Hannover
Potsdam
Niederlande
Weser
Magdeburg
Düsseldorf
Dresden
Erfurt
Belgien
Rhein
Wiesbaden
Luxemburg
Mainz
Tschechien
Luxemburg
Saarbrücken
Main
Stuttgart
Deutschland
Frankreich
München
Donau
Wien
Österreich
Liechtenstein
Bern
Ragaz
die Schweiz
Italien
Slowenien

Lektion 1
Ich komme aus Japan. / Bist du neu hier?

できるようになること 簡単な自己紹介

ドイツ語の仕組み 人称代名詞、規則変化動詞の人称変化、定動詞の位置、sein/haben/werdenの変化

A. Ich komme aus Japan.

DL 10

Leiter des Wohnheims:

Guten Tag, ich heiße Thomas Elmer.
Herzlich willkommen!

Aika: **Guten Tag, ich heiße Aika Sato.**
Leiter: **Frau Sato, woher kommen Sie?**
Aus China oder aus Korea?
Aika: **Ich komme aus Japan.**
Ich studiere Kunstgeschichte.

パートナーと語句を入れ替えながら練習しましょう。

DL 11

● **Guten Tag, ich heiße** *Thomas Elmer* **.** [フルネームで] **Wie heißen Sie?**
◆ **Guten Tag, ich heiße** *Aika Sato* **.**

● **Woher kommen Sie?**
◆ **Ich komme aus** *Japan* **. Ich studiere** *Kunstgeschichte* **.**

専攻			
	Germanistik ドイツ学	**Jura** 法学	**Wirtschaftswissenschaften** 経済学
	Medizin 医学	**Mathematik** 数学	**Philosophie** 哲学
	Linguistik 言語学	**Geschichte** 歴史	**Politik** 政治

● **Wo wohnen Sie?**
◆ **Ich wohne jetzt in** *Berlin* **.**
● **Wohnen Sie allein?**
◆ **Ja, ich wohne allein in einer Wohnung.** ／◆ **Nein, ich wohne ...**

bei meinen Eltern 両親のところで　**in einer WG** ルームシェアで　**in einem Studentenwohnheim** 学生寮に

課の最後にある基本練習1と2を解いてみましょう。➡p.15

ドイツ語の仕組み

1. 人称代名詞（Nominativ [1格]）

		単　数	複　数
1人称		**ich**	**wir**
2人称	（親称）	**du**	**ihr**
	（敬称）	**Sie**	
3人称	（男性）	**er**	**sie**
	（中性）	**es**	
	（女性）	**sie**	

▶ 2人称の人称代名詞には、親しい人に対して使う親称 (du / ihr) と、あまり親しくない、心理的な距離のある人に対して使う敬称 (Sie) の2種類があります。

▶ 敬称のSieは、常に語頭を大文字で書きます。

2. 規則変化動詞の現在人称変化

- 動詞の不定詞（主語や時制が定まっていない形）は、語幹＋語尾 (-en, -n) からなっています。

wohnen（住む）← **wohn + en**　　　**tun**（する）← **tu + n**

- ドイツ語では、すべての人称で動詞が語形変化します（人称変化）。
- 現在形の人称変化では、左下の表にある語尾を不定詞の語幹に付けます。
- 主語の人称と数（単数/複数）に応じて語形変化した動詞を、定動詞と呼びます。

ich	**- e**	wir	**-en**
du	**- st**	ihr	**-t**
er es sie	**- t**	sie / Sie*	**-en**

wohnen

ich	**wohne**	wir	**wohnen**
du	**wohnst**	ihr	**wohnt**
er es sie	**wohnt**	sie / Sie	**wohnen**

* 敬称2人称のSieは3人称複数のsieから発展したものなので、同じ語形変化になります。

※ 動詞の語幹が-dや-tなどで終わるとき
finden（見つける）、arbeiten（働く）など

ich	**finde**	wir	**finden**
du	**findest**	ihr	**findet**
er es sie	**findet**	sie / Sie	**finden**

※ 動詞の語幹が-s, -ß, -tzなどで終わるとき
heißen（…という名前である）、sitzen（座っている）、küssen（キスをする）など

ich	**heiße**	wir	**heißen**
du	**heißt**	ihr	**heißt**
er es sie	**heißt**	sie / Sie	**heißen**

* -e-を入れてよい動詞ははっきり決まっています。そのため、du wohnest (×)、er kommet (×)などとは言えないので注意してください。

B. Bist du neu hier?

DL 12

Anna: Hallo, bist du neu hier? Ich bin Anna.
Aika: Hallo, ich bin Aika.
Anna: Freut mich, Aika! Hast du gerade Zeit?
Aika: Ja, jetzt habe ich Zeit. Warum?
Anna: Spielst du Tischtennis?
Aika: Ja, sehr gern!
Anna: Also dann! Spielen wir Tischtennis!

パートナーと語句を入れ替えながら練習しましょう。

- ● Hallo, bist du neu hier? Ich bin ___*Anna*___ . [ファーストネームを]
- ◆ Hallo. Ich bin ___*Aika*___ .

- ● Hast du jetzt Zeit?
- ◆ Ja, jetzt habe ich Zeit.
- ● Spielst du ___*Tischtennis*___ ?
- ◆ Ja! Spielen wir ___*Tischtennis*___ !

球技			
	Tennis テニス	**Fußball** サッカー	**Basketball** バスケットボール
	Baseball 野球	**Handball** ハンドボール	**Federball** バドミントン

- ● Hörst du gern Musik?
- ◆ Ja, ich höre gern ___*Popmusik*___ . [他にもアーティスト名やグループ名でも]
- ● Ich auch! Komm, wir gehen zusammen in ein Konzert!
- ◆ Gerne!

音楽				
	Rockmusik ロック	**Rap** ラップ	**Jazz** ジャズ	**klassische Musik** クラシック

課の最後にある基本練習3と4を解いてみましょう。➡p.15

3. 不規則変化動詞 sein／haben／werdenの現在人称変化

・sein（～である）、haben（～を持っている）、werden（～になる）は不規則に変化する重要動詞です。これらは本動詞としてだけでなく、完了形や受動で助動詞としても使われます。

sein

ich	**bin**	wir	**sind**
du	**bist**	ihr	**seid**
er es sie	**ist**	sie / Sie	**sind**

haben

ich	**habe**	wir	**haben**
du	**hast**	ihr	**habt**
er es sie	**hat**	sie / Sie	**haben**

werden

ich	**werde**	wir	**werden**
du	**wirst**	ihr	**werdet**
er es sie	**wird**	sie / Sie	**werden**

4. 定動詞の位置（平叙文と疑問文、並列接続詞）

・ドイツ語の平叙文では、定動詞が文の2番目（II）の要素になります。文の1番目（I）の要素には、主語以外の要素も置くことができます。

	I	II	
平叙文	**Ich**	**bleibe**	**heute in München.**
	Heute	**bleibe**	**ich in München.**
	In München	**bleibe**	**ich heute.**

・Ja（はい）かNein（いいえ）を問う決定疑問文では、文の1番目（I）を空けると考えます。

	I	II	
疑問文①	—	**Bleiben**	**Sie heute in München?**

・疑問詞*を含む疑問文では、疑問詞が文の1番目の要素、定動詞が2番目の要素になります。

	I	II	
疑問文②	**Warum**	**bleiben**	**Sie heute in München?**

・und（そして）、aber（しかし）、oder（あるいは）、denn（というのも）、sondern（そうではなくて）などの並列接続詞は、文の要素に数えられないため、定動詞の順番に影響しません。

Und ich bleibe heute in München. そして私は今日ミュンヘンにとどまります。

Heute jobbe ich, aber morgen lerne ich Deutsch.

今日はバイトするけど、明日はドイツ語を勉強するよ。

ドイツ語の文章を読んでみましょう。意味は先生に聞いて、読み慣れる練習をしましょう。 DL 14

Sebastian Fitzek

Guten Tag. Mein Name ist Sebastian Fitzek. Ich bin in Berlin geboren und lebe auch hier. Ich arbeite als Schriftsteller. Ich schreibe Romane. Es gibt auch Übersetzungen ins Japanische, zum Beispiel „Die Therapie“. Lesen Sie doch mal meine Bücher!

語句 **Guten Tag.:** こんにちは **mein Name ist ...:** 私の名前は…です〔**der Name:** 名前〕 **ich bin in ... geboren:** 私は…生まれです **leben:** 暮らす **hier:** ここで **arbeiten:** 働く **als:** ～として **Schriftsteller:** 作家、文筆家 **schreiben:** 書く **Romane:** 小説（複数）を **es gibt ...:** …がある **auch:** ～もまた **Übersetzungen ins Japanische:** 日本語への翻訳〔複数形〕 **zum Beispiel:** 例えば **Die Therapie:** 治療（作品の翻訳タイトルは『治療島』）〔**die**は女性の定冠詞：ドイツ語には名詞に男性・中性・女性の3つの性があります〕 **Lesen Sie!:** 読んでください！〔**lesen:** 読む〕 **doch mal:** まあちょっと **meine Bücher:** 私の本（複数）を

より正確で美しい発音を目指しましょう。

Das Alphabet

□で囲った文字は注意しましょう。

A a	B b	C c	D d	E e	F f	G g
H h	I i	[J j]	K k	L l	M m	N n
O o	P p	Q q	[R r]	S s	T t	U u
[V v]	[W w]	X x	[Y y]	Z z	ß	
Ä ä	Ö ö	Ü ü				

Umlaut

DL 15

Ä ä	Märchen	Bäcker	Käse	spät
Ö ö	Wörterbuch	möchte	hören	schön
Ü ü	Würstchen	günstig	müde	Bücher

- **ä**はおおよそ **a**（アー）の口の開きで、日本語の「えー」と発音すると出る音です。
- **ö**は、**o** の発音と同じ丸さの唇の形で、丸めた口の前方に舌を出していくような形で発音します。あるいは **e** の口で、舌はそのまま動かさずに唇を丸めても発音することができます。
- **ü**は、**u** の発音と同じように、前に突き出すような唇の形で、前方に舌を突き出すように発音します。

基本練習1　wohnenを適当な形にして下線部に書き入れ、パートナーと練習しましょう。

1) ● Wo wohn____ Sie? — ◆ Ich wohn____ in München.

2) ● Wohn____ du in Berlin? — ◆ Ja, ich wohn____ dort.

3) ● Wo ________ ihr? — ◆ Wir ________ in Wien.

4) ● Wo ________ Aika jetzt? — ◆ Jetzt ________ sie in München.

5) ● ________ Aika und Anna in Bern? — ◆Nein, sie ________ in München.

基本練習2　かっこ内の動詞を適切な形にして下線部に書き入れ、パートナーと練習しましょう。

1) ● Woher ________ (kommen) Anna? — ◆ Sie ________ (kommen) aus Bonn.

2) ● Wo ________ (leben) Thomas? — ◆ Er ________ (leben) in Wien.

3) ● Wie ________ (heißen) du? — ◆ Ich ________ (heißen) Karl.

4) ● Was ________ (studieren) du? — ◆ Jetzt ________ (studieren) ich Medizin.

5) ● ________ (arbeiten) ihr hier? — ◆ Ja, wir ________ (arbeiten) hier.

基本練習3　seinを適当な形にして下線部に書き入れ、パートナーと練習しましょう。

1) ● Wo ________ du? — ◆ Ich ________ oben. （上に）

2) ● Wo ________ ihr? — ◆ Wir ________ unten. （下に）

3) ● Wo ________ Aika? — ◆ Sie ________ im Garten. （庭に）

4) ● Wo ________ Aika und Anna? — ◆ Sie ________ im Park. （公園に）

5) ● Wo ________ Sie? — ◆ Ich ________ im Haus. （家の中に）

基本練習4　かっこ内の動詞を適切な形にして下線部に書き入れ、パートナーと練習しましょう。

1) ● Aika, du ________ (sein) blass. Was ________ (haben) du ?

— ◆ Ich ________(sein) krank und ________ (haben) Fieber.

2) ● Was macht ihr? — ◆ Wir ________(sein) krank und ________ (haben) Fieber.

3) ● Wir ________ (haben) Hunger. ________ (haben) ihr auch Hunger?

— ◆ Ja!!

4) ● Ich ________ (werden) Arzt. Und was ________ (werden) du?

— ◆ Ich ________ (werden) Lehrer.

5) ● Was ________ (werden) Anna ?

—◆ Sie ________ (werden) wohl Dolmetscherin.

Lektion 2
Das ist ein Kohlrabi. / Das ist dein Teller.

できるようになること 食事を楽しむ、物の名前などを確認する

ドイツ語の仕組み 名詞の性（Nominativ［1格］）、名詞の複数形、数、所有冠詞①（mein/keinなど）

A. Das ist ein Kohlrabi.

DL 16

Aika: Hallo, Leo. Du kochst ja fleißig! Was ist das?
Leo: Hallo, Aika. Das ist ein Kohlrabi.
Aika: Das Kohlrabi? Der Kohlrabi?
Leo: Der. Der Kohlrabi.
Aika: O.K., der Kohlrabi. Schmeckt er gut?
Leo: Ja, er schmeckt wunderbar! Ich bin bald fertig. Komm, wir essen zusammen.
Aika: Au ja, danke, Leo. Guten Appetit!

パートナーと語句を入れ替えて練習しましょう。

DL 17

- ● Was ist das?
- ◆ Das ist ___*ein Kohlrabi*___. ［不定冠詞(ein/eine)と一緒に］
- ● Schmeckt ___*der Kohlrabi*___? ［定冠詞(der/das/die)と一緒に］
- ◆ O ja, ___*er*___ schmeckt gut! ［代名詞(er/es/sie)を入れて］

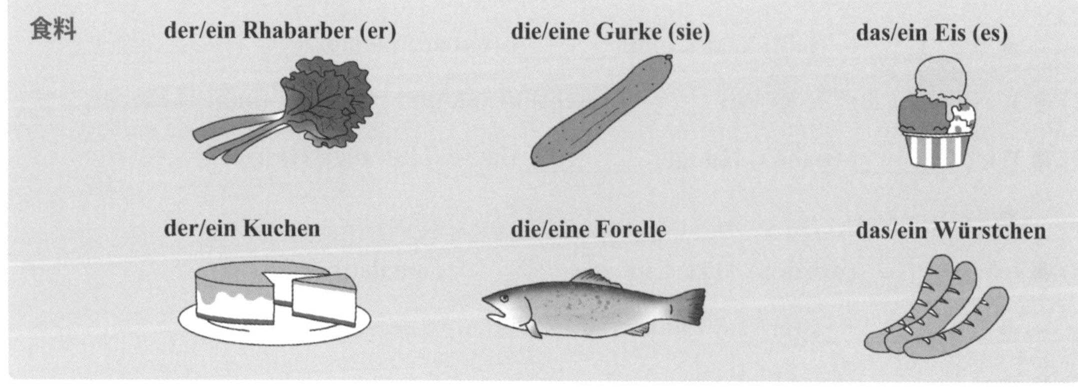

課の最後にある基本練習1を解いてみましょう。 ➔p.21

ドイツ語の仕組み

1. 名詞の性と冠詞（Nominativ [1格]）

- ドイツ語の名詞は、常に頭文字を大文字で書きます。
- ドイツ語の名詞には、

①男性 (***m.***)、中性 (***n.***)、女性 (***f.***) の文法上の3つの性の区別があります。

②単数 (***Sg.*** < ***Singular***)、複数 (***Pl.*** < ***Plural***) の2つの数の区別があります。複数では文法上の性を区別しません。

③Nominativ[1格]、Akkusativ[4格]、Dativ[3格]、Genitiv[2格]の4つの格の区別があります（以下、Nom.、Akk.、Dat.、Gen.と略記することがあります）。格について、詳しくはLektion 3と4で。

- 冠詞や人称代名詞は、名詞の性・数・格に応じて変化します。

Nominativ [1格]：主に文の主語となる格

	単数			複数
	男性 (***m.***)	中性 (***n.***)	女性 (***f.***)	(***Pl.***)
定冠詞	**der Mann**	**das Kind**	**die Frau**	**die Kinder**
不定冠詞	**ein △ Mann**	**ein △ Kind**	**eine Frau**	— **Kinder**
人称代名詞	**er**	**es**	**sie**	**sie**

- Nominativ[1格]は、主に文の主語になる格です。他にはsein「～である」やwerden「～になる」などの述語にもなります。

Das ist ein Apfel. Der Apfel schmeckt sehr gut!

それ/これ/あれは（ひとつの）リンゴです。その/この/あのリンゴはとても美味しい！

- 冠詞には定冠詞と不定冠詞があります。おおよそ定冠詞は「どれ？」と聞かれたときに「その/この/あの～」と限定して答えられる名詞に付け、不定冠詞は「ひとつの、ある～」という限定されない名詞に付けます。
- 複数形の名詞に不定冠詞は付きません（上の表の－は何も付かないという意味）。
- それぞれの性と数に特徴的な冠詞や代名詞の語尾部分があります。例えばNominativ [1格] 女性だと-e語尾が特徴的です。また、不定冠詞でNominativ [1格] 男性と中性で△が付いていますが、これは例外的に語尾がなくなった箇所だと考えてください。

2. 数（0～20）

DL 18

0 null	**1 eins**	**2 zwei**	**3 drei**	**4 vier**	**5 fünf**	**6 sechs**
7 sieben	**8 acht**	**9 neun**	**10 zehn**	**11 elf**	**12 zwölf**	
13 dreizehn	**14 vierzehn**	**15 fünfzehn**	**16 sechzehn**			
17 siebzehn	**18 achtzehn**	**19 neunzehn**	**20 zwanzig**			

B. Das ist dein Teller.

DL 19

Leo: Das ist dein Teller, bitte schön!
Und das hier ist mein Teller. Guten Appetit!

Aika: Guten Appetit!
Danke, Leo. Hm, der Kohlrabi schmeckt sehr gut!

Leo: Das freut mich. Und hier sind Tomaten. Bitte!

Aika: Danke! Die Tomaten schmecken auch wunderbar!

パートナーと語句を入れ替えながら練習しましょう。

DL 20

● Das ist *dein Teller*, bitte schön!

◆ Ach so, *mein Teller*. Danke schön!

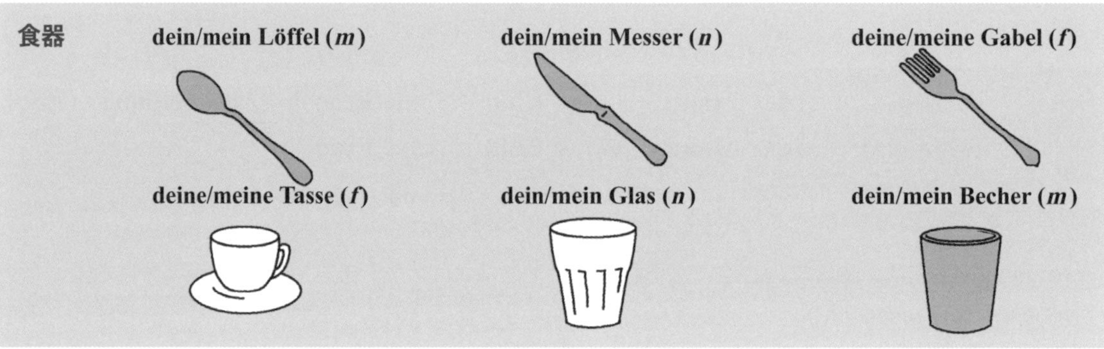

● Hier sind *Tomaten*.

◆ Danke! Die *Tomaten* schmecken auch *prima*!

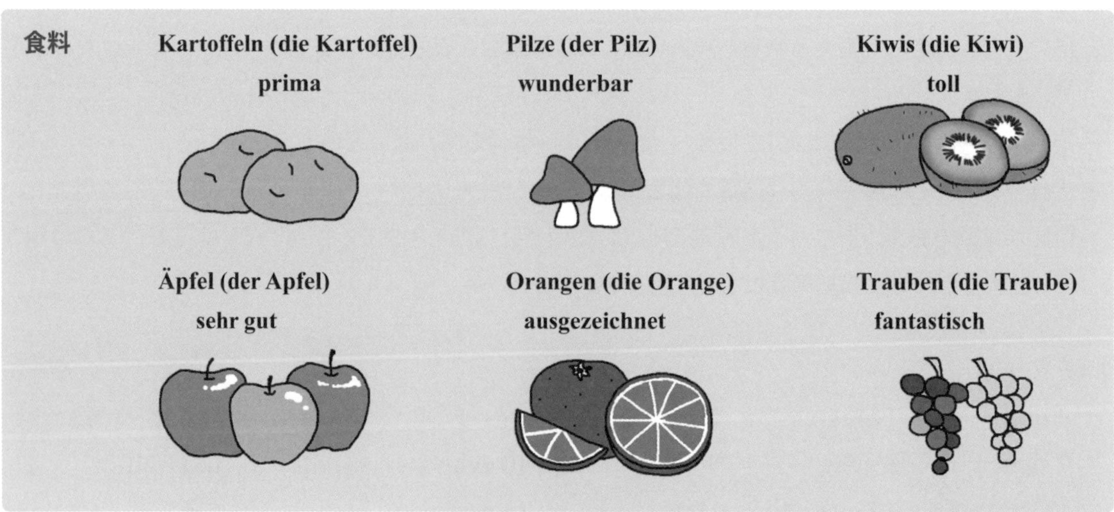

課の最後にある基本練習2と3を解いてみましょう。➡p.21

ドイツ語の仕組み

3. 名詞の複数形（Nominativ [1格]）

- ドイツ語の名詞の複数形では、文法上の性の区別がなくなります。
- 複数形の作り方には、大きく分けて5つのパターンがあります。

	幹母音*が変音しない		幹母音が変音する	
① 無語尾型	**der Ordner**	**die Ordner**	**der Apfel**	**die Äpfel**
② -e型	**der Pilz**	**die Pilze**	**der Sohn**	**die Söhne**
③ -er型	**das Ei**	**die Eier**	**das Buch**	**die Bücher**
④ -(e)n 型	**die Tomate**	**die Tomaten**	なし	
⑤ -s 型	**das Handy**	**die Handys**	なし	

* 幹母音とは、名詞の語幹（語尾を除いた変化しない部分）のうち、アクセントが置かれる母音のこと

- 複数形は、それぞれの名詞ごとに辞書で確認しましょう。
- 常に複数形で用いる名詞もあります。

die Eltern 両親、**die Leute** 人々、**die Geschwister** 兄弟姉妹、**die Ferien** 休暇 など

4. 所有冠詞と否定冠詞（Nominativ 1格）

- 「私の本」、「君の家」など、名詞の所有者を表す冠詞を所有冠詞といいます。「私の～」はmein、「君の～」はdeinです（詳しくはLektion 5を参照）。
- また、不定冠詞付きの名詞や無冠詞の名詞を否定する場合には、名詞の前にkeinを付けます。keinは否定冠詞と呼ばれます。
- 所有冠詞と否定冠詞は、不定冠詞einと同一の変化をします。

Nom. [1格]	単　数			複数(*Pl.*)
	男性 (*m.*)	中性 (*n.*)	女性 (*f.*)	
不定冠詞 ein（ひとつの～）	**ein Stift**	**ein Heft**	**eine Tasche**	－ **Bücher**
所有冠詞 mein（私の～）	**mein Stift**	**mein Heft**	**meine Tasche**	**meine Bücher**
否定冠詞 kein（ひとつも～ない）	**kein Stift**	**kein Heft**	**keine Tasche**	**keine Bücher**

ドイツ語の文章を読んでみましょう。 DL 21
未習事項もありますが、ドイツ語を読み慣れることを目指しましょう。

Frauenfußball

Frauenfußball ist in Deutschland sehr populär. Die Nationalmannschaft der Frauen besitzt bereits zwei WM- und acht EM-Titel. Damit gehört sie zu den Top-Teams weltweit. Allerdings spielt die Mannschaft in letzter Zeit nicht so erfolgreich. Wir drücken ihnen die Daumen!

語句　名詞のコンマの後は複数形です。名詞の前のder/das/dieは、名詞の性を示しています。
名詞の「性」や「格」、「複数形」については、続けて次の課でも学びます。

die Frau, -en: 女性　**der Fußball:** サッカー　**sehr:** とても　**populär:** 人気のある
die Nationalmannschaft: ナショナルチーム（**die Mannschaft:** チーム）
der Frauen: 女性たちの〔複数 Gen.[2格]「～の」〕　**besitzen:** 所有している　**bereits:** すでに
WM = Weltmeisterschaft: ワールドカップ　**EM = Europameisterschaft:** ヨーロッパカップ
der Titel, –: タイトル　**damit:** そのことで
zu den Top-Teams gehören: トップチームに属する〔前置詞 **zu**「～に」は Dat.[3格]とともに使います〕
weltweit: 世界で　**allerdings:** とはいえ　**spielen:** プレイする　**in letzter Zeit:** 最近は　**nicht:** ～ない
so: それほど　**erfolgreich:** 成功している
Wir drücken ihnen die Daumen!: 彼女たちの成功を祈っています！（直訳「私たちは彼女たちに親指（複数）を押さえる」。ドイツでは「がんばって、うまくいきますように」と伝えるときに、両手の親指を内側に握って手を上下に動かしながら、相手に示します）

より正確で美しい発音を目指しましょう。

- ドイツ語の音には、母音（長母音、短母音、二重母音）と子音があります。
- 母音はのどや口の中を通るときに、何も障害を受けることなく、舌の位置と唇の形で出される音です。それに対して、子音は口を閉じたり、のどひこを震わせたりして出される音です。二重母音は **au** [アォ]、 **ei** [アィ]、**eu** [オィ] などがあります（詳しくはLektion 9）。それぞれ発音に注意しましょう。

下線の部分に注意して、次の単語を発音してみましょう。 DL 22

a) B<u>a</u>ch　b) Spr<u>a</u>che　c) W<u>ei</u>n　d) D<u>eu</u>tsch　e) K<u>u</u>chen　f) B<u>au</u>m　g) T<u>ee</u>

基本練習1　次のかっこ内に不定冠詞（ein, eine）を、下線部に適切な定冠詞 (der, die, das) を入れ、パートナーと練習しましょう。

1) ● **Was ist das? — ◆ Das ist (　　　　) Hund. _______ Hund heißt Pimpes.**
2) ● **Was ist das? — ◆ Das ist (　　　　) Buch. _______ Buch ist interessant.**
3) ● **Was ist das? — ◆ Das ist (　　　　) Tasche. _______ Tasche ist praktisch.**
4) ● **Was ist das? — ◆ Das ist (　　　　) Heft. _______ Heft ist schön.**
5) ● **Was ist das? — ◆ Das ist (　　　　) Katze. _______ Katze heißt Wagahai.**
6) ● **Was ist das? — ◆ Das ist (　　　　) Radiergummi. _______ Radiergummi ist nützlich.**

ヒント
der Hund: 犬　**das Buch:** 本　**die Tasche:** バッグ　**das Heft:** ノート
der Radiergummi: 消しゴム
interessant: 興味深い　**praktisch:** 便利な　**schön:** 美しい　**nützlich:** 役に立つ

基本練習2　次の下線部に適切な語尾を（語尾が不要な場合×印を）入れ、パートナーと練習しましょう。

1) ● **Wo arbeitet dein____ Vater? — ◆ Mein_____ Vater arbeitet bei Siemens.**
2) ● **Was macht dein____ Mutter? — ◆ Mein_____ Mutter ist Lehrerin.**
3) ● **Trinken dein____ Eltern gern Wein? — ◆ Ja, mein_____ Eltern trinken gern Rotwein.**
4) ● **Wo wohnt dein____ Lehrer? — ◆ Mein_____ Lehrer wohnt in Bremen.**
5) ● **Ist das dein____ Auto? — ◆ Ja, mein_____ Auto ist ganz neu.**

ヒント
der Vater: 父　**die Mutter:** 母　**die Eltern (*Pl.*):** 両親
die Lehrerin: 女性教師　**der Lehrer:** 男性教師　**trinken:** 飲む
gern: 好んで〔副詞〕　**der Wein:** ワイン　**das Auto:** 自動車

基本練習3　次の文の下線部を複数形にし、動詞と合わせて変化させ、パートナーと練習しましょう。

1) ● **Der Apfel schmeckt sehr gut.**
— ◆ **Ja, die ____________ hier schmeck_______ alle sehr gut!**
2) ● **Das Haus ist schön. — ◆ Ja, die ____________ hier ____________ alle schön!**
3) ● **Die Uhr ist praktisch. — ◆ Ja, die ____________ hier ____________ alle praktisch!**
4) ● **Das Auto ist teuer. — ◆ Ja, die ____________ hier ____________ alle teuer!**

【今日・明日・明後日】
heute 今　**morgen** 明日　**übermorgen** 明後日
heute Abend 今日の夜に　**morgen Mittag** 明日の昼に（「明日の朝に」は**morgen früh**）

Lektion 3

Wohin fährst du im Sommer? / Geht es dir nicht gut?

できるようになること 旅の計画について話す、体調について話す

ドイツ語の仕組み 不規則変化動詞、疑問詞、格と人称代名詞

A. Wohin fährst du im Sommer?

DL 23

Leo: Bald kommen die Ferien. Wohin fährst du im Sommer?

Aika: Das weiß ich noch nicht. Und du? Was machst du?

Leo: Ich fahre nach Paris.

Aika: Wie schön! Aber sprichst du Französisch?

Leo: Du weißt ja, ich komme aus der Schweiz. Da spricht man zwei, drei Sprachen.

パートナーと語句を入れ替えて練習しましょう。

DL 24

● **Wohin fährst du** *im Sommer* **? Weißt du das schon?**

◆ **Ja, das weiß ich. Ich fahre nach** *Paris* **.**

時期と行き先

im Sommer 夏に

nach Alaska アラスカへ

im Winter 冬に

nach Hawaii ハワイへ

zu Weihnachten クリスマスに

nach Finnland フィンランド

morgen 明日

nach Osaka 大阪へ

übermorgen あさって

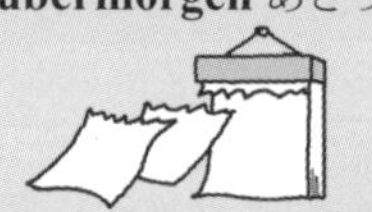

nach Okinawa 沖縄へ

am Wochenende 週末に

nach Seoul ソウルへ

● **Was sprichst du?**

◆ **Ich spreche** *Japanisch* **als Muttersprache,** *Englisch* **sehr gut und ein wenig** *Deutsch* **.**

言語				
	Japanisch	Deutsch	Englisch	Französisch
	Chinesisch	Koreanisch	Spanisch	Italienisch

● **Liest du gern?**

◆ **Ja, ich lese gern** *Bücher* **.** 本 (複数)

Romane 長編小説 **Zeitungen** 新聞 **Zeitschriften** 雑誌 **Geschichten** 物語

課の最後にある基本練習1と2を解いてみましょう。➡p.27

ドイツ語の仕組み

1. 不規則変化動詞

- 現在での人称変化で、duとer/es/sieで幹母音が変音する動詞があります。語尾の部分は規則通り。変音するのはduとer/es/sieだけで，他の人称は規則変化です。
- a ⇒ ä 型、e ⇒ i 型、e ⇒ ie 型の3種類があります。

a ⇒ **ä** 型：**fahren**「乗り物で行く」

ich	**fahre**	wir	**fahren**
du	**fährst**	ihr	**fahrt**
er es sie	**fährt**	sie / Sie	**fahren**

e ⇒ **ie** 型：**sehen**「見る」

ich	**sehe**	wir	**sehen**
du	**siehst**	ihr	**seht**
er es sie	**sieht**	sie / Sie	**sehen**

e ⇒ **i** 型：**sprechen**「話す」

ich	**spreche**	wir	**sprechen**
du	**sprichst**	ihr	**sprecht**
er es sie	**spricht**	sie / Sie	**sprechen**

* lassen ⇒ du lässt，essen ⇒ du isst，lesen ⇒ du liest（いずれも語幹が-s, -ssで終わっているため）

a ⇒ ä 型の動詞（例）

schlafen「眠る」、**waschen**「洗う」

tragen「運ぶ」、**lassen***「させる」など

e ⇒ i 型動詞（例）

geben「与える」、**treffen**「出会う」

helfen「助ける」、**essen***「食べる」など

e ⇒ ie 型動詞（例）

empfehlen「勧める」、**befehlen**「命令する」

lesen*「読む」など

注意したい動詞 **wissen**「知っている」

ich	**weiß**	wir	**wissen**
du	**weißt**	ihr	**wisst**
er es sie	**weiß**	sie / Sie	**wissen**

注意したい動詞 **nehmen**「取る」

ich	**nehme**	wir	**nehmen**
du	**nimmst**	ihr	**nehmt**
er es sie	**nimmt**	sie / Sie	**nehmen**

2. 疑問詞のさまざま

I	II	
Was	**ist**	**das?**
	それ/これ/あれは何？	
Wie	**heißen**	**Sie?**
	どのような名前ですか？	
Wer	**kommt**	**heute?**
	誰が今日は来るの？	
Wann	**kommt**	**er?**
	彼はいつ来るの？	

I	II	
Wo	**wohnt**	**ihr?**
	君たちはどこに住んでいる？	
Wohin	**fährst**	**du morgen?**
	君は明日どこへ行く	
Woher	**kommt**	**Aika?**
	アイカはどこから来た？	
Warum	**ist**	**Thomas nicht da?**
	なぜトーマスは来ていないの？	

B. Geht es dir nicht gut?

DL 25

Anna: Aika, du bist so blass. Geht es dir nicht gut?
Aika: Nein, mir geht es nicht so gut. Ich habe wohl Fieber ...
Anna: Oh, das ist schlimm. Komm, ich fahre dich zum Arzt.
Aika: Danke, Anna. Das ist sehr nett.

パートナーと語句を入れ替えて練習しましょう。

DL 26

- ● **Wie geht es dir?**
- ◆ **Danke, mir geht es** *gut* **.**
- ● **Wie geht es euch?**
- ◆ **Danke, uns geht es** *gut* **.**

体調	sehr gut とてもいい	gut いい	so la la まあまあ

- ● **Komm, ich fahre** *dich* **(*a*)** *zum Arzt* **(*b*).**
- ◆ **Du fährst** *mich* **(*c*) hin? Danke!**

Akk.[4](*a*)	euch 君たちを	Sie あなた(がた)を	ihn (Leo) 彼(レオ)を	sie (Aika) 彼女(アイカ)を
行き先(*b*)	zur Uni 大学へ	zum Bahnhof 駅へ	zum Flughafen 空港へ	zum Nordpol 北極へ
Akk.[4](c)	uns 私たちを	uns 私たちを	ihn 彼を	sie 彼女を

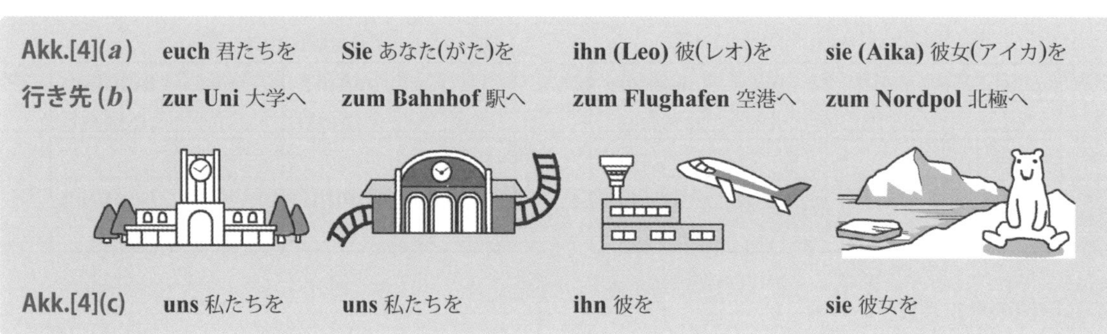

- ● **Das ist ein Geschenk für** *dich* **.** [für「〜のために」はAkk.[4格]と一緒に]
- ◆ **Für** *mich* **?! Oh, vielen Dank!!**

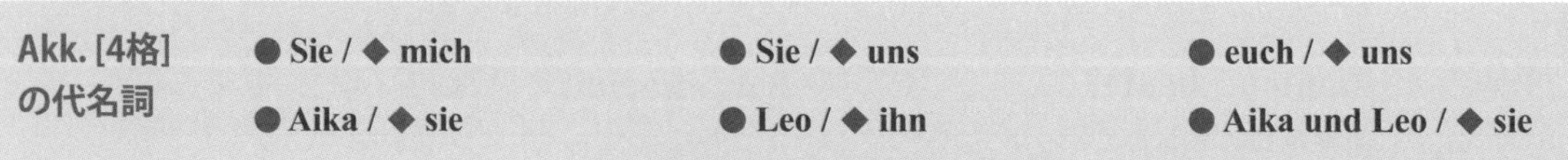

Akk. [4格] の代名詞	● Sie / ◆ mich	● Sie / ◆ uns	● euch / ◆ uns
	● Aika / ◆ sie	● Leo / ◆ ihn	● Aika und Leo / ◆ sie

課の最後にある基本練習3と4を解いてみましょう。➡p.27

3. 格と人称代名詞の格変化

- 「格」は、文の中での名詞や代名詞などの役割を明らかにするものです。日本語の助詞「てにをは」に似た働きをします（ただし日本語の助詞には前置詞などの働きもあるので、違う点もあります）。
- 「格(Fall)」は、分かりやすい言葉で言えば「場合(Fall)」で、ドイツ語には4つの格/場合があります。格は、動詞や前置詞などがどの格と結びつくかで決まります。主に冠詞が格を示します。
- 日本のドイツ語文法書では、1格から4格へと数字の順で紹介するのが一般的ですが、ここでは使用頻度やドイツ語圏で作られる教科書で紹介する順に従って、Nominativ [1格]、Akkusativ [4格]、Dativ [3格]、Genitiv [2格]の順で紹介します。

○Nominativ [1格]：主に主語になる場合で、ほぼ「～は・が」に相当

Ich bin Student/Studentin. 私は男子大学生/女子大学生です。

・他には、sein「である」やwerden「なる」などの述語（英語のSVCのCに相当）になる場合

Er ist/wird Professor. 彼は大学教授です/になる。

○Akkusativ [4格]：主に他動詞*の目的語になる場合で、ほぼ「～を」に相当

Kennst du Aika? — Ja, ich kenne sie gut.

君はアイカを知っている？　うん、彼女をよく知っているよ。

＊ ドイツ語の「他動詞」は、必ず4格の目的語を取ります。

○Dativ [3格]：主に利害などを表す場合で、ほぼ「～に」に相当

Was schenkt ihr Thomas? — Wir schenken ihm das Buch.

君たちはトーマスに何をプレゼントするの？　僕たちは彼にこの本をあげるんだ。

○Genitiv [2格]：主に所有を表す場合で、ほぼ「～の」に相当

Wessen Fahrrad ist das? — Das ist das Fahrrad des Professors.

それは誰の自転車ですか　　それはその教授の自転車です。

- どの格なのかは、(1) 動詞・形容詞・前置詞などの格の結びつきから、(2) 冠詞(類)から判断します。上の例文Kennst du Aika? — Ja, ich kenne sie gut.では、duとichがNom.[1格]の主語で、kennenという他動詞がAkk.[4格]と結びつくので、Aikaとsieはこの格だと分かります。

人称代名詞の格変化

	単　数					複　数			単/複
	1人称	2人称	3人称			1人称	2人称	3人称	2人称敬称
Nom. [1]	**ich**	**du**	**er**	**es**	**sie**	**wir**	**ihr**	**sie**	**Sie**
Akk. [4]	**mich**	**dich**	**ihn**	**es**	**sie**	**uns**	**euch**	**sie**	**Sie**
Dat. [3]	**mir**	**dir**	**ihm**	**ihm**	**ihr**	**uns**	**euch**	**ihnen**	**Ihnen**

＊ Genitiv [2格]の人称代名詞は、現代ドイツ語ではほとんど使われないので、省略します。

ドイツ語の文章を読んでみましょう。

DL 27

„Lange Nacht der Wissenschaften“

Jedes Jahr im Sommer gibt es in Berlin die „Lange Nacht der Wissenschaften“. Da zeigt man vielen Menschen wissenschaftliche Ergebnisse.
Zahlreiche wissenschaftliche Einrichtungen sind an diesem Tag bis 24 Uhr geöffnet. Die „Lange Nacht der Wissenschaften“ findet auch in anderen deutschen Städten statt. Zum Beispiel in Dresden, Hamburg oder in Hannover. In Österreich heißt die Veranstaltung „Lange Nacht der Forschung“, in der Schweiz „Nacht der Forschung“.

語句 **lang:** 長い **die Nacht:** 夜
die Wissenschaft, -en: 学問〔**der Wissenschaften**は「諸学問の」という複数Gen. [2格]〕
jedes Jahr: 毎年 **es gibt ...:** …がある **da**：そこでは **zeigen**：示す **man**：人は、人々は
vielen Menschen：多くの人々に〔複数のDat. [3格]〕 **wissenschaftlich:** 学問的な
das Ergebnis, -se: 結果、成果 **zahlreich:** 数多くの **die Einrichtung, -en:** 施設
an diesem Tag: この日に **bis 24 Uhr:** 24時まで **geöffnet:** 開いた
findet ... statt: 開催される〔**stattfinden**は分離動詞 [⇒Lektion 6]〕 **auch:** ～もまた
in anderen deutschen Städten: 他のドイツの諸都市で **zum Beispiel:** 例えば
Österreich: オーストリア **heißen:** ～という名である **die Veranstaltung:** 催し
die Forschung: 研究〔ここでの **der Forschung** は女性のGen. [2格]で「研究の」〕
in der Schweiz: スイスでは（**die Schweiz**「スイス」）

より正確で美しい発音を目指しましょう。

DL 28

- ドイツ語の文には、メロディーの型が大きく分けて3つあります。

(1)下がり型（ ↘ ）

1) 平叙文： **Ich heiße Watanabe.** ↘

2) 付加疑問文（疑問詞を用いた疑問文）

Wie heißen Sie? ↘

Wo wohnst du? ↘

(2) 上がり型（ ↗ ）

Kommen Sie aus Japan? ↗

Sprechen Sie Deutsch? ↗

(3) 平行型（ → ）

Sprechen Sie auch Französisch? (↗) — Ja(→), ein bisschen.

Wie geht’s? (↘) – Gut (→), und dir?(↗)

基本練習1　duとer/es/sieで変音する不規則変化動詞 fahren, sprechen, sehen の人称変化形を書き入れ、パートナーと練習しましょう。

1) ● Wohin ____________ du? — ◆ Ich ____________ nach Bonn. (fahren)

2) ● Wohin ____________ Aika heute? — ◆ Sie ____________ nach Köln. (fahren)

3) ● ____________ du Deutsch? (sprechen)

◆ Ja, ich ____________ Deutsch, Englisch und Japanisch.

4) ● Was ____________ Leo? (sprechen)

◆ Er ____________ Deutsch, Französisch und Italienisch.

5) ● ____________ du gut das Foto? — ◆ Ja, ich ____________ das Foto sehr gut. (sehen)

6) ● Was ____________ Anna? — ◆ Sie ____________ das Foto dort. (sehen)

基本練習2　かっこ内の動詞を適切な形にして下線部に書き入れ、パートナーと練習しましょう。

1) ● Was ____________ (lesen) du gern? — ◆ Ich ____________ (lesen) gern Comics.

2) ● Wohin ____________ (fahren) Erika? — ◆ Sie ____________ (fahren) nach Berlin.

3) ● Was ____________ (essen) du gern? — ◆ Ich ____________ (essen) gern Gemüse.

4) ● ____________ (nehmen) du Fisch? — ◆ Nein, ich ____________ (nehmen) Fleisch.

5) ● ____________ (wissen) Sie das schon? — ◆ Ja, ich ____________ (wissen) das schon.

基本練習3　次の下線部に適切な人称代名詞を入れましょう。Akkusativ [4格] の練習です。

1) ● Kennen Sie Aika? — ◆ Ja, ich kenne ____________.

2) ● Kennst du Leo? — ◆ Ja, ich kenne ____________ sehr gut.

3) ● Kennt ihr Anna und Aika? — ◆ Ja, wir kennen ____________ gut.

4) ● Kennst du mich? — ◆ Ja, ich kenne ____________!

5) ● Kennt ihr ____________? — ◆ Ja, wir kennen euch!

基本練習4　次の下線部に適切な人称代名詞を入れましょう。Dativ [3格] の練習です。

1) ● Wie geht es Leo? — ◆ Danke, ____________ geht es gut.

2) ● Wie geht es Aika? — ◆ Danke, ____________ geht es sehr gut.

3) ● Geht es Aika und Anna gut? — ◆ Danke, es geht ____________ prima.

4) ● Wir lernen jetzt Deutsch. Es macht ____________ Spaß! — ◆ Prima! Das ist gut.

5) ● Lernst du jetzt Italienisch? — ◆ Ja, es macht ____________ viel Spaß.

(...$^{D/3}$ Spaß machen：…にとって楽しい)

【季節にかかわる表現】

der Frühling 春　　der Sommer 夏　　der Herbst 秋　　der Winter 冬

im Frühling/Sommer/Herbst/Winter 春/夏/秋/冬に

Lektion 4
Ich möchte einen Kugelschreiber. / Sie gehört vielleicht dem Professor da.

できるようになること 買い物をする

ドイツ語の仕組み 名詞の格（Nominativ [1格] / Akkusativ [4格] /Dativ [3格] / Genitiv [2格]）、möchte、定動詞の位置（主文②）

A. Ich möchte einen Kugelschreiber.

DL 29

Verkäuferin: Guten Tag, bitte schön?
Aika: Guten Tag, ich möchte einen Kugelschreiber.
Verkäuferin: Der Kugelschreiber ist ein Longseller.
Aika: Was kostet er?
Verkäuferin: 5 Euro.
Aika: Gut, ich nehme den Kugelschreiber.

パートナーと語句を入れ替えて練習しましょう。

DL 30

- ● *Der Kugelschreiber* ist ein Longseller.（複数：Die Kugelschreiber sind ein Longseller.）
- ◆ Was kostet *er* ?（複数：Was kosten sie ?）
- ● *5* Euro.
- ◆ Gut, ich nehme *den Kugelschreiber* .

文具

der Bleistift / er / 2 / den Bleistift 鉛筆

das Etui / es / 12 / das Etui 筆箱

die Mappe / sie / 5 / die Mappe 書類とじ

die Buntstifte / sie / 20 / die Buntstifte 色鉛筆（複）

das Lineal / es / 3 / das Lineal 定規

der Radiergummi / er / 1 / den Radiergummi 消しゴム

die Schere / sie / 10 / die Schere はさみ

die Kulis / sie / 11 / die Kulis ボールペン（複）

課の最後にある基本練習1と2を解いてみましょう。➡p.33

ドイツ語の仕組み

1. Akkusativ [4格]

- Akkusativ [4格] は主に他動詞*の目的語となる場合です。日本語の「～を」にほぼ相当します。

  * 他動詞とは、Akkusativ [4格]の目的語を取る動詞のことです。

Ich suche ein Geschenk. プレゼントを探しています。
Lesen Sie den Roman? 例の長編小説を読んでいるのですか？

- 他には、Akkusativ [4格]と結びつく前置詞と使われたり、「副詞的Akkusativ [4格]」として使われます。

Ist das Geschenk für mich? — Ja, es ist für dich.
プレゼントは私のため？ そう、君のためだよ。

Ich lerne den ganzen Tag Deutsch. 私は一日中ドイツ語を学びます。

- 格変化では、男性の場合だけNominativ [1格]と冠詞などが異なりますが、中性・女性・複数ではNom. [1格]と同じです。男性Akk. [4格]の語尾は-nが、女性Nom. [1格]とAkk. [4格]では-eが特徴です。

Akkusativ [4格]：主に文の目的語となる格/場合

	単数			複数
	男性	中性	女性	
定冠詞	**den Mann**	**das Kind**	**die Frau**	**die Kinder**
不定冠詞	**einen Mann**	**ein △ Kind**	**eine Frau**	— **Kinder**
人称代名詞	**ihn**	**es**	**sie**	**sie**

* △は例外的に語尾がない場所だと考えます。

2. möchte「～がほしいのですが」

- ていねいに「～がほしいのです」というときには、möchteを使います。「～を」にほぼ相当するAkkusativ [4格]と使います。
- ichとer/es/sieで möchte と同じかたちです。

möchteの人称変化

ich	**möchte**	wir	**möchten**
du	**möchtest**	ihr	**möchtet**
er es sie	**möchte**	sie / Sie	**möchten**

Was möchtet ihr, Kaffee oder Tee? — Wir möchten Kaffee, bitte.
君たち、コーヒーと紅茶、何が飲みたい？ 私たちはコーヒーがほしいのです。

Ich möchte ein Schreibzeug. — Möchten Sie einen Bleistift oder einen Kugelschreiber?
ペンがほしいのですが。 鉛筆ですか、それともボールペンですか？

B. Sie gehört vielleicht dem Professor da. DL 31

Aika: Wem gehört die Tasche denn?
Leo: Sie gehört vielleicht dem Professor da.
Aika: Hallo! Das ist Ihre Tasche, oder?
[Professor: „O ja, vielen Dank!“]
Gott sei Dank.
Die Tasche des Professors war aber sehr schwer!
Leo: Und sehr groß, nicht wahr?

パートナーと語句を入れ替えて練習しましょう。 DL 32

- ● Wem gehört *die Tasche* ?
- ◆ *Sie* gehört vielleicht *dem Professor* da.
- ● *Die Tasche des Professors* ist aber sehr *schwer* .

体調

das Buch / es / der Professorin
das Buch der Professorin / dick
女性教授の本 / 厚い

der PC / er / dem Mann
der PC des Mannes / leicht
男性のPC / 軽い

die Mappe / sie / der Frau
die Mappe der Frau / bunt
女性の書類とじ / カラフルな

das Etui / es / dem Kind
das Etui des Kindes / praktisch
子どもの筆箱 / 便利な

die Buntstifte [複数名詞なので動詞は**gehören**で] / sie / den Schülern
die Buntstifte der Schüler [動詞は**sind**で] / schön
色鉛筆(複) / 美しい

課の最後にある基本練習3と4を解いてみましょう。➡p.33

3. Dativ [3格]

- Dativ [3格]は、主に利害などを表す場合で、ほぼ「〜に」に相当します。

  Sie schenkt dem Mädchen eine Blume. 彼女はその女の子に花をプレゼントする。

  (英: *She presents the girl a flower.*)

- ドイツ語ではDativ[3格]を目的語とする動詞もいくつかあり、Dialogの**gehören**「もの(Nom.[1格])が人(Dat.[3格])に属する、もの(Nom.[1格])は人(Dat.[3格])のものである」、他には**gefallen**「もの(Nom.[1])が人(Dat.[3格])に気に入る」などの動詞があります。

  Gefällt das Foto Ihnen? — Ja, es gefällt mir sehr gut.
  写真は気に入りましたか？　ええ，とても気に入りました。

  Gehört das Buch Aika? — Ja, es gehört ihr.
  その本はアイカのもの？　そう、それは彼女のものだよ。

- Dativ [3格]と結びつく動詞や前置詞と使われたり、利害・関心を表すときに使われます。

  Wir helfen Ihnen auch bei Regen gern! 雨のときでも喜んでお手伝いしますよ！

  Es regnet? Es ist uns egal! 雨が降っているって？ それは僕たちにはどうでもいい！

Dativ [3格]：主に間接目的語となる格/場合

	単数			複数
	男性	中性	女性	
定冠詞	**dem Mann**	**dem Kind**	**der Frau**	**den Kindern***
不定冠詞	**einem Mann**	**einem Kind**	**einer Frau**	**— Kindern***
人称代名詞	**ihm**	**ihm**	**ihr**	**ihnen**

* 複数Dativ [3格]の名詞には-n語尾が付きます。例外は複数形が-nか-sで終わっている場合。

4. Genitiv [2格]

- Genitiv [2格]は主に所有を表す格で、ほぼ「〜の」に相当します(英語のof ...の...)。

  Das ist ein Buch der Studentin. それは女子学生の本です。

- 修飾する言葉の後ろに置かれるのが特徴です。
- 他には、Genitiv [2格]と結びつく動詞（少数）や前置詞と使われたり、「副詞的Genitiv [2格]」として使われます。

  Wegen der Erkältung kommt er nicht. あの風邪のせいで彼は来ません。

  Eines Morgens treffe ich Aika. ある朝、私はアイカに会う。

Genitiv [2格]：主に所有を表す格/場合

	単数			複数
	男性	中性	女性	
定冠詞	**des Mann[e]s**	**des Kind[e]s**	**der Frau**	**der Kinder**
不定冠詞	**eines Mann[e]s**	**eines Kind[e]s**	**einer Frau**	**— Kinder**
人称代名詞	（現代ドイツ語ではほとんど使わないので省略）			

ドイツ語の文章を読んでみましょう。 DL 33

Bauhaus

Kennen Sie das „Bauhaus“? Das ist eine Art von Kunstschule. Der Gründer der Schule ist Walter Gropius (1883-1969). Er ist auch ein Pionier der Architektur der Moderne. Kennen Sie den Stuhl? Er ist vom „Bauhaus“. Der Stuhl ist sehr schlicht, aber praktisch und schön. Das ist eben die Idee vom „Bauhaus“: „Schön ist, was funktioniert“. Das Bauhaus ist heute über 100 [= einhundert] Jahre alt. Es ist noch immer sehr wichtig und vorbildhaft für Künstler und Designer.

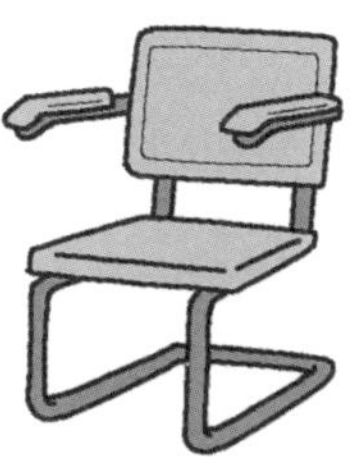

語句 **das Bauhaus:** バウハウス **kennen:** 知っている **eine Art von ...:** ある種の…
die Kunstschule: 芸術学校 **der Gründer:** 創設者 **die Schule:** 学校 **auch:** ～もまた
der Pionier: 開拓者 **die Architektur:** 建築 **die Moderne:** 近現代
der Stuhl: 椅子 **vom Bauhaus:** バウハウスによる **sehr:** とても **schlicht:** 簡素な
praktisch: 実用的、便利な **schön:** 美しい **eben:** まさに **die Idee:** 理念、アイディア
„Schön ist, was funktioniert“: 機能するものは美しい（**was:** ～なもの/こと **funktionieren:** 機能する）
heute: 今、今日 **über:** ～を超えた **... Jahre alt:** …歳の **noch:** まだ **immer:** いつも
wichtig: 重要な **vorbildhaft:** 模範的な **für:** ～にとって **der Künstler, –:** 芸術家
der Designer, –: デザイナー〔ここでの**Künstler und Designer**は複数形〕

より正確で美しい発音を目指しましょう。 DL 34

次の語句を読んでみましょう。
ドイツ語の文は、日本語でもそうですが、平坦な調子ではありません。
日本語らしい抑揚があるように、ドイツ語にもドイツ語らしい抑揚があります。
基本的に、伝えたい情報の中心部分を強く読みます。文末の抑揚は、第4課を参照してください。

Guten Tag.

Wie geht es Ihnen? — Danke, gut. Und Ihnen?

基本練習1　下線部に定冠詞を入れて、パートナーと練習しよう。Nom. [1格]とAkk. [4格]の練習です。

1) ● __________ Bleistift ist praktisch.
   ◆ Ach, ich möchte auch __________ Bleistift!
2) ● __________ Schere ist toll.
   ◆ Ach, ich möchte auch __________ Schere!
3) ● __________ Lineal ist ganz neu.
   ◆ Ach, ich möchte auch __________ Lineal!
4) ● __________ Buntstifte sind schön.
   ◆ Ach, ich möchte auch __________ Buntstifte!

基本練習2　下線部に不定冠詞(ein/eine/einen)を入れて，パートナーと練習しよう。Nom. [1格]とAkk. [4格]の練習です。お店の人に「～がひとつほしいのです」と言ってみよう。

1) ● Was möchten Sie? — ◆ Ich möchte __________ Bleistift.
2) ● Bitte schön? — ◆ Ich möchte __________ Lineal.
3) ● Bitte sehr? — ◆ Ich möchte __________ Schere.

基本練習3　下線部に定冠詞を入れて練習しよう。Dativ [3格]の練習です。

1) ● Was gibst du __________ Mann? — ◆ Ich gebe ihm eine Broschüre.
2) ● Was schenkst du __________ Frau? — ◆ Ich gebe ihr einen Prospekt.
3) ● Was schickst du __________ Kind? — ◆ Ich schicke ihm eine Zeitschrift.
4) ● Was schickt ihr __________ Kindern? — ◆ Wir schicken ihnen Bilderbücher.

基本練習4　下線部に不定冠詞(einem/einer)を入れて，パートナーと練習しよう。Dat. [3格]の練習です。「それをひとりの～に贈る/送る/あげるんだ」と言ってみよう。

1) ● Wem schenkst du die Blumen? — ◆ Ich schenke sie __________ Mann.
2) ● Wem schickst du den Brief?— ◆ Ich schicke ihn __________ Frau.
3) ● Wem gibst du das Buch? — ◆ Ich gebe es __________ Kind.

【一日の時間帯にかかわる表現】

der Morgen 朝　der Vormittag 午前　der Mittag 昼　der Nachmittag 午後
der Abend 夕・晩　die Nacht 夜
am Morgen 朝に　am Abend 夕に　in der Nacht 夜に

Lektion 5

Welche Vorlesung empfiehlst du? / Mein Wörterbuch ist elektronisch.

できるようになること 授業のことを話す

ドイツ語の仕組み 定冠詞、不定冠詞、定冠詞類、不定冠詞類、男性弱変化名詞

A. Welche Vorlesung empfiehlst du?

DL 35

Aika: Welche Vorlesung empfiehlst du?
Leo: Diese Vorlesung von Herrn Professor Neumann.
Aika: Ist seine Vorlesung gut und interessant?
Leo: Ja, der Hörsaal ist immer voll und die Studenten hören alle interessiert seine Vorlesungen.

パートナーと語句を入れ替えて練習しましょう。

DL 36

● *Welche Vorlesung* ist *interessant* ?
◆ *Diese Vorlesung* ist *sehr interessant* !

welcher/dieser Unterricht informativ 授業/情報が多い	welches/dieses Seminar spannend ゼミ/ワクワクさせる	welche/diese Übung ausgezeichnet 練習/優れた

welches/dieses Kolloquium anregend コロキウム/刺激的な	welche/diese Vorlesungen [動詞はsindで] langweilig 講義/退屈な

● Wie ist *die Vorlesung von Herrn Neumann* ?
◆ *Seine Vorlesung* ist sehr gut.

die Vorlesung von Frau Schaper / ihre Vorlesung
das Seminar von Herrn Neumann / sein Seminar
das Seminar von Frau Schaper / ihr Seminar
die Vorlesungen von Herrn Neumann und Frau Schaper / ihre Vorlesungen [動詞: sind]

課の最後にある基本練習1を解いてみましょう。 ➡p.39

ドイツ語の仕組み

1. 定冠詞類

- 名詞を修飾する冠詞には、der/das/dieなどの定冠詞やein/eineなどの不定冠詞のほかにいくつかの種類があります。

dieser「この～」 **welcher**「どの～」 **aller**「すべての～」 **jeder**「各々の～」

- ドイツ語ではこれら冠詞も、名詞の性や数、格に応じて変化します。-erの語尾部分が変化します。
- dieserなどは、**定冠詞類**と呼ばれ、**定冠詞と同じように変化**します（他に**jener**「かの～」、**mancher**「一部の～」、**solcher**「そのような～」もありますが、これは中級以降で）。

定冠詞類の格変化

	単数			複数
	男性	中性	女性	
Nom. [1格]	**dieser Mann** **welcher**	**dieses Kind** **welches**	**diese Frau** **welche**	**diese Kinder** **welche**
Akk. [4格]	**diesen Mann** **welchen**	**dieses Kind** **welches**	**diese Frau** **welche**	**diese Kinder** **welche**
Dat. [3格]	**diesem Mann** **welchem**	**diesem Kind** **welchem**	**dieser Frau** **welcher**	**diesen Kindern** **welchen**
Gen. [2格]	**dieses Mann[e]s** **welches**	**dieses Kind[e]s** **welches**	**dieser Frau** **welcher**	**dieser Kinder** **welcher**

2. 男性弱変化名詞

- 男性名詞の中で、いくつかの名詞は単数Nom. [1格]以外で-[e]n語尾が付くものがあります。
- 辞書には、例えば「Student 男 -en/-en」や「der Student 男 2/3/4格: Studenten、複数 : Studenten」のように記述してあります。

der Student 学生

	単数	複数
Nom. [1格]	**der Student**	**die Studenten**
Akk. [4格]	**den Studenten**	**die Studenten**
Dat. [3格]	**dem Studenten**	**den Studenten**
Gen. [2格]	**des Studenten**	**der Studenten**

der Mensch 人間

単数	複数
der Mensch	**die Menschen**
den Menschen	**die Menschen**
dem Menschen	**den Menschen**
des Menschen	**der Menschen**

der Herr 紳士、男性、～さん（男）

	単数	複数
Nom. [1格]	**der Herr**	**die Herren**
Akk. [4格]	**den Herrn**	**die Herren**
Dat. [3格]	**dem Herrn**	**den Herren**
Gen. [2格]	**des Herrn**	**der Herren**

他の例：

der Präsident 社長、大統領
der Automat 自動機械、自動販売機
der Junge 男の子 など

B. Mein Wörterbuch ist elektronisch.

Leo: Hast du kein Wörterbuch dabei?

Aika: Doch, hier. Bitte schön!

Leo: Aber dein Wörterbuch ist deutsch-japanisch, oder?

Aika: Ach Leo, mein Wörterbuch ist elektronisch, es ist auch deutsch-deutsch!

Leo: Oh, das ist toll! Gibst du mir das bitte kurz!

Aika: Klar!

パートナーと語句を入れ替えて練習しましょう。 DL 38

● **Hier habe ich** *mein Wörterbuch* **. Bitte!**

◆ **Tja, ich brauche** *dein Wörterbuch* **nicht.**

die Uhr [meine/deine] 時計

der PC [meinen/deinen] パソコン

das Lineal [mein/dein] 定規

die Büroklammern [meine/deine] クリップ(複)

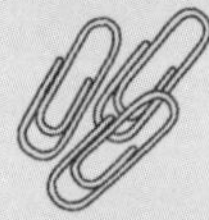

der USB-Stick [meinen/deinen] USBメモリ

die CD [meine/deine] CD

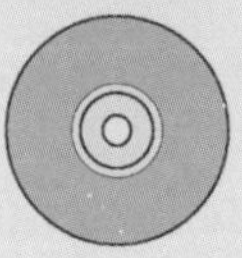

所有冠詞の種類（mein/meineはNom.[1格]で、meinは男性・中性形、meineは女性・複数形）

mein/meine	私の	**unser/unsere**	私たちの
dein/deine	君の	**euer/eure***	君たちの
sein/seine	彼の		
sein/seine	それの	**ihr/ihre**	彼らの
ihr/ihre	彼女の	**Ihr/Ihre**	あなた[がた]の

* 語尾が付くと、eur-となります。

課の最後にある基本練習2と3を解いてみましょう。➡p.39

3. 不定型冠詞類

- mein「私の～」、dein「君の～」などのように所有を表す冠詞＝「**所有冠詞**」と「ひとつも～ない」を意味する**kein**＝「**否定冠詞**」は、ein/eineなどの**不定冠詞に準じて変化**します。不定冠詞のない複数形では、定冠詞の語尾に準じた変化になります。
- なお、英語では「私の～」「君の～」は、*I, my, me*のように人称代名詞とセットで覚えたと思いますが、ドイツ語のmeinやdeinではあくまで名詞を修飾する冠詞扱いです。
- 所有冠詞の種類は、前ページ下の表で確認してください。

不定冠詞類（所有冠詞と否定冠詞kein）の格変化（△は語尾が付きません）

	単数						複数	
	男性		中性		女性			
Nom. [1格]	**mein △**	**Mann**	**mein △**	**Kind**	**meine**	**Frau**	**meine**	**Kinder**
	Ihr △		**Ihr △**		**Ihre**		**Ihre**	
Akk. [4格]	**meinen**	**Mann**	**mein △**	**Kind**	**meine**	**Frau**	**meine**	**Kinder**
	Ihren		**Ihr △**		**Ihre**		**Ihre**	
Dat. [3格]	**meinem**	**Mann**	**meinem**	**Kind**	**meiner**	**Frau**	**meinen**	**Kindern**
	Ihrem		**Ihrem**		**Ihrer**		**Ihren**	
Gen. [2格]	**meines**	**Mann[e]s**	**meines**	**Kind[e]s**	**meiner**	**Frau**	**meiner**	**Kinder**
	Ihres		**Ihres**		**Ihrer**		**Ihrer**	

4. nichtとkeinの使い分け

- 「ない」という否定を意味するnichtとkeinには、おおよそ次のような使い分けがあります。

1) keinは名詞の否定のみに使う。nichtは名詞を含め、文のさまざまな要素を否定するのに使う。

2) 不定冠詞が付いている名詞を否定する場合はkein

Ist das ein Buch? — Nein, das ist kein Buch, sondern ein Heft.
それは本ですか？ — いいえ、それは本ではなく、ノートです。

3) 冠詞が付いていない名詞（抽象名詞や複数形など）も、基本的にkein

Hast du jetzt Zeit? — Nein, jetzt habe ich keine Zeit.
今、時間がある？ — いや、今は暇はないんだ。〔**die Zeit:** 時間、暇〕

Haben Sie heute Unterricht? — Nein, heute haben wir keinen Unterricht.
今日、授業はありますか？ — いいえ、今日は授業はありません。〔**der Unterricht:** 授業〕

4) 冠詞がない名詞でも、熟語的に動詞とセットになっている場合にはnicht

Spielt ihr Tennis? — Nein, wir spielen nicht Tennis.
君たちはテニスをするの？ — いいえ、私たちはテニスはしないよ。

5) 定冠詞[類]、所有冠詞などが付いた名詞はnichtで否定

Ist das dein Buch? — Nein, das ist nicht mein Buch.
それは君の本？ — いえ、それは私の本ではないよ。

Schenkt er dir den Ring? — Nein, er schenkt mir nicht den Ring.
彼は例の指輪をプレゼントしてくれるの？ — いいえ，あの指輪ではないよ。

ドイツ語の文章を読んでみましょう。

DL 39

Das Jüdische Museum

Dieses Museum in Berlin ist sehr lebendig und interessant, also gar nicht langweilig. Hier stehen die jüdische Geschichte und Kultur im Mittelpunkt. Ein Schwerpunkt seiner Tätigkeit liegt auf der Bildungsarbeit. Es gibt eine Bibliothek und ein Archiv und natürlich Führungen, Workshops, Konzerte etc. Seit Mai 2020 [= zweitausendzwanzig] gibt es auch die Kinderwelt „ANOHA“. Das ist eine große Arche aus Holz.

語句 **das Jüdische Museum:** ユダヤ博物館（**jüdisch:** ユダヤの **das Museum:** 博物館）
lebendig: 生き生きとした、活気のある **interessant:** 興味深い **also:** つまり
gar nicht: 決して〜ない **langweilig:** 退屈な **hier:** ここに **stehen:** 立っている
die Geschichte: 歴史 **die Kultur:** 文化 **im Mittelpunkt:** 中心に（**der Mittelpunkt:** 中心点）
der Schwerpunkt: 重点 **die Tätigkeit:** 活動 **auf ...**[D/3] **liegen:** …にある（**liegen:** 横たわる）
die Bildungsarbeit: 教育活動（**die Bildung:** 教育、教養 **die Arbeit:** 仕事）の **es gibt ...**[A/4]: …がある
die Bibliothek: 図書館 **das Archiv:** アーカイブ（文書保管庫） **natürlich:** もちろん
die Führung, -en: ガイドツアー **der Workshop, -s:** ワークショップ **das Konzert, -e:** コンサート
etc. = et cetera [エト・ツェテラ]: などなど **seit ...**[D/3]: …以来 **der Mai:** 5月
die Kinderwelt: 子どもの世界（**das Kind, -er:** 子ども **die Welt:** 世界） **groß:** 大きな
die Arche: 箱舟（旧約聖書のノアの箱舟から） **aus ...**[D/3]: …から **das Holz:** 木材

より正確で美しい発音を目指しましょう 【b – v – w の発音】

DL 40

練習1 **次のbとwを区別して発音しましょう。**

Bier – wir　　**Bach – wach**　　**Berg – Werk**　　**Bein – Wein**

練習2 **次の文を、b / v /w の発音の違いを意識して発音しましょう。**

DL 41

Bald kommen die Ferien.
Bitte schön.
Wohin fährst du?
Das weiß ich nicht.
Wie schön!
Sie gehört vielleicht dem Professor.
Hast du ein Wörterbuch dabei?
Welche Vorlesung?
Der Hörsaal ist immer voll.

基本練習1　下線部に適当な語尾を補って、パートナーと練習しよう。

1) ● Welch___ Seminar ist interessant? — ◆ Dies___ Seminar ist sicher interessant!

2) ● Welch___ Vorlesung ist gut? — ◆ Dies___ Vorlesung ist sicher gut!

3) ● Welch___ Professor ist freundlich? — ◆ Dies___ Professor ist sicher freundlich!

4) ● Welch___ Seminare sind interessant?
◆ Dies___ Seminare sind sicher interessant!

基本練習2　「私の～」「君の～」など、所有を表す冠詞を入れてパートナーと練習しよう。

1) ● Wo ist mein Wörterbuch? — ◆ ____________ Wörterbuch ist da!（君の）

2) ● Wo ist deine Uhr? — ◆ ____________ Uhr ist hier!（私の）

3) ● Wo ist eure Tasche? — ◆ ____________ Tasche ist da drüben!（私たちの）

4) ● Wo ist unser Koffer? — ◆ ____________ Koffer ist dort!（君たちの）

5) ● Wo ist Leos PC? — ◆ ____________ PC ist hier!（彼の）

6) ● Wo ist Aikas PC? — ◆ ____________ PC ist auch hier!（彼女の）

7) ● Wo sind Leos und Aikas Lehrbücher?
◆ ____________ Lehrbücher sind da!（彼らの）

基本練習3　「私の～」「君の～」など，所有を表す冠詞のAkk. [4格]の練習です。

1) ● Wo hast du mein Wörterbuch? — ◆ Hier habe ich ____________ Wörterbuch.

2) ● Wo hast du deine Uhr? — ◆ Hier habe ich ____________ Uhr.

3) ● Wo habt ihr eure Tasche? — ◆ Hier haben wir ____________ Tasche.

4) ● Wo habt ihr unseren Koffer? — ◆ Hier haben wir ____________ Koffer.

5) ● Wo hast du Leos PC? — ◆ Hier habe ich ____________ PC.

6) ● Wo hast du Aikas PC? — ◆ Hier habe ich ____________ PC.

7) ● Wo hast du Leos und Aikas Lehrbücher? — Hier habe ich ____________ Lehrbücher.

【季節と月の表現】

der Januar 1月	**der Februar** 2月	**der März** 3月	**der April** 4月
der Mai 5月	**der Juni** 6月	**der Juli** 7月	**der August** 8月
der September 9月	**der Oktober** 10月	**der November** 11月	**der Dezember** 12月
	im Mai 5月に	**in diesem Juli** この7月に	

Lektion 6

Wann fahren wir los? / Fällt das Seminar von Professor Werner heute nicht aus?

できるようになること 時刻を言うことができる、予定を立てる

ドイツ語の仕組み 分離動詞、非分離動詞、nichtの位置と否定疑問文、時刻

A. Wann fahren wir los?

DL 42

Anna: Am Sonntag machen wir eine Radtour nach Freising. Kommst du mit?

Aika: Cool! Ja, ich komme gerne mit. Wann fahren wir los?

Anna: Gegen 8 Uhr fahren wir los.

Aika: Wann kommen wir da an? Etwa gegen Mittag?

Anna: Ja, ungefähr am Mittag. Dann besuchen wir die älteste Brauerei der Welt!

パートナーと語句を入れ替えて練習しましょう。

DL 43

- ● **Wann fahren wir los?**
- ◆ *Gegen 7 Uhr* **fahren wir los.** 時刻を変えて
- ● **Wann kommen wir da an?**
- ◆ *Am Mittag* **kommen wir da an.** 昼に

am Morgen 朝に	am Vormittag 午前に	am Nachmittag 午後に	am Abend 夕/晩に

パートナーと時刻（ein Uhr 1時、zwei Uhr 2時…でOK）を変えて練習してみましょう。

- ● **Um wie viel Uhr fährt der ICE ab?**
- ◆ *Um 13.15 Uhr (dreizehn Uhr fünfzehn)* .
- ● **Und um wie viel Uhr komme ich in Berlin an?**
- ◆ **Sie kommen dort** *um 16.30 Uhr (sechzehn Uhr dreißig)* **an.**

課の最後にある基本練習1と2を解いてみましょう。➡p.45

ドイツ語の仕組み

1. 分離動詞

- 英語では、*get on, get off* などのように、動詞と副詞や前置詞などを組み合わせた熟語があります。もとの動詞とは異なった意味になります。
- ドイツ語でこれに相当するのが、分離動詞です。ankommen「到着する」、mitkommen「一緒に来る」などでは、an- や mit- が「分離前綴り」と呼ばれる部分です。不定詞（主語や時制が定まっていない形）では、前綴りと動詞本体が1語で書かれます。このかたちで辞書に出ています。
- 例えば、machen「する、作る」という動詞にさまざまな前綴りを付けることで、異なった意味の動詞ができます。

aufmachen 開ける	**zumachen** 閉める
mitmachen 一緒にする	**saubermachen** きれいにする　など

- 分離動詞では、アクセントは前綴りにあります。
- 分離動詞では、平叙文などで定動詞（主語や時制が定まった動詞のかたち）は、これまで学んだ通りに II の位置に入ります。他方で前綴りはそのまま文末に位置します。

I	II		文　末	
		abends in München	**ankommen**	夕方にミュンヘンに着く [不定句*]
Ich	**komme**	**abends in München**	**an.**	[平叙文]
—	**Kommst**	**du abends in München**	**an?**	[疑問文]
Wann	**kommt**	**er in München**	**an?**	[W疑問文]

* 「不定詞」は動詞単独の場合。「不定句」は他の文要素と一緒で、動詞の主語や時制が定まっていない形

- 分離動詞は、そもそもドイツ語ではtrennbare Verben「分離可能な動詞」と言い、正確には、使い方に応じて分離させたり、一緒にしたりする動詞です。これから学ぶ助動詞 [⇒第8課]や副文（従属節）[未習]などでは、分離しないで一緒のかたちになります。

2. 非分離動詞

- アクセントのない前綴りの付いた動詞は、「非分離動詞」と呼ばれます。非分離動詞は、常に前綴りを分離させずに使います。
- 非分離の前綴りとしては、次のようなものがあります。

be-	**besuchen** 訪れる	ent-	**entschuldigen** 許す	er-	**erreichen** 達する
ge-	**gehören** 属する	ver-	**verstehen** 理解する	zer-	**zerstören** 破壊する　など

- 分離動詞と非分離動詞の区別：分離動詞の前綴りは、基本的に前置詞や副詞、名詞から作られているので、独立した語として文中で使うことができるものです。これに対して、非分離動詞の前綴りは、多くの場合には、それ自身では前置詞などの独立した1語にならない、前綴り専用の言葉です。
- ただし、前綴りのなかには、非分離と分離の両方で使われるものも少数あります。

wieder-　**wieder|sehen** 再会する ［分離動詞］（下線はアクセントの位置を示しています）
　　　　wiederholen 繰り返す ［非分離動詞］　など

B. Fällt das Seminar von Professor Werner heute nicht aus?

DL 44

Leo: Fällt das Seminar von Professor Werner heute nicht aus?

Aika: Doch, der Unterricht von Professor Werner fällt heute aus!

Leo: Das gefällt dir nicht? Wieso?

Aika: Ach, schade! Sein Unterricht ist immer sehr interessant.

パートナーと語句を入れ替えて練習しましょう。

DL 45

● **Bist du nicht müde?** 疲れてない

◆ **Doch, ich bin sehr müde.**

◆ **Nein, ich bin nicht müde.**

● **Hast du keinen Hunger?** 空腹でない

◆ **Doch, ich habe Hunger!**

◆ **Nein, ich habe keinen Hunger.**

● **Fällt der Unterricht von** *Herrn Sato* **heute nicht aus?**

◆ **Doch, er fällt heute aus.**

◆ **Nein, er fällt heute nicht aus.**

課の最後にある基本練習3を解いてみましょう。➡p.45

ドイツ語の仕組み

3. nichtの位置と否定疑問文

- nichtの位置の基本は、「否定する語句の前に置く」です。不定句から考えます。
- 動詞が否定されている場合（全文否定）では、nichtが最後に取り残されているように見えます。

Thomas nicht lieben	[不定句] トーマスを愛していない（例: 無関心だ）
Sie liebt Thomas nicht .	彼女はトーマスを愛していない。

- 動詞ではない、他の要素が否定される場合（部分否定）の例です。

nicht Thomas lieben	[不定句] トーマスではない人（例: スヴェンを）を愛している
Sie liebt nicht Thomas .	彼女が愛しているのはトーマスではない。

- sein動詞や、句をともなう自動詞も同じ考え方なので、nichtは文末に位置しないのです。

	nicht müde sein	[不定句] 疲れていない（例: 元気な）状態にある
Ich bin	**nicht müde .**	私は疲れていません。
	nicht in Bern wohnen	[不定句] ベルンではないところに（例: ボンに）住んでいる
Wir wohnen	**nicht in Bern .**	私たちはベルンに住んでいません。

- 熟語的・慣用的な表現の場合には、熟語全体が否定されると考えます。

	nicht Tennis spielen	[不定句] テニスをしない
Ich spiele	**nicht Tennis .**	私はテニスをしません。
	nicht Französisch sprechen	[不定句] フランス語を話さない
Er spricht	**nicht Französisch .**	彼はフランス語を話しません。

- 否定疑問では、次のように答えます。

Spricht er nicht Deutsch? — **Doch, er spricht Deutsch.** そんなことはない、彼はドイツ語を話すよ。
彼はドイツ語を話さない？ — **Nein, er spricht nicht Deutsch.** そう、彼はドイツ語を話さない。

Hast du keine Uhr? — **Doch, ich habe eine Uhr.** そんなことはない、時計はあるよ。
時計はないの？ — **Nein, ich habe keine Uhr.** そう、時計はないんだ。

4. 時刻の表現

- 時刻を言うとき、24時間式（メディアや鉄道など）と日常の12時間をもとにした言い方があります。

	24時間式	日常の言い方
14時	**vierzehn Uhr**	**zwei (Uhr)**
14時5分	**vierzehn Uhr fünf**	**fünf nach zwei**
14時15分	**vierzehn Uhr fünfzehn**	**viertel nach zwei**
14時30分	**vierzehn Uhr dreißig**	**halb drei**
14時45分	**vierzehn Uhr fünfundvierzig**	**viertel vor drei**
14時50分	**vierzehn Uhr fünfzig**	**zehn vor drei**

- 「1時」は ein Uhrで、日常の言い方でUhrを省略するとeinsとなります。
- 「～時に」は**um ...** で、「…時頃に」は**gegen ...** で表します。

Wann kommt der Präsident? Um ein Uhr? — Ja, er kommt gegen eins.
大統領はいつ来るのですか？ 1時ですか？ はい、彼は1時頃に来ます。

ドイツ語の文章を読んでみましょう。

DL 46

Berlin Prenzlauer Berg

Der Prenzlauer Berg ist kein Berg, sondern ein Stadtteil in Ostberlin. Nach der Wiedervereinigung wird er zuerst zum Szeneviertel. Heute ist er aber ein Familienbezirk. Hier ist es sehr ruhig und gemütlich. Der Stadtteil ist außerdem ein Touristenmagnet. Es gibt viele trendige Cafés, Kneipen, Restaurants, Bars und Clubs. Außerdem leben und arbeiten viele Künstler auf dem Prenzlauer Berg – Berlins einzigem Hügel.

語句 **der Prenzlauer Berg:** プレンツラウアー・ベルク（地域名） **der Berg:** 山
kein/nicht A, sondern B: AではなくB **der Stadtteil:** 市の地域 **Ostberlin:** 東ベルリン
nach der Wiedervereinigung:（東西ドイツ）再統一[1990]の後で **werden:** なる **zuerst:** まずは
zum Szeneviertel: 若者の流行の地域に **der Familienbezirk:** 家族が暮らす地域 **ruhig:** 静かな
gemütlich: 心地よい **außerdem:** その他に **der Touristenmagnet:** 観光客を惹きつける有名な場所
es gibt ...[A/4]**:** …がある **viel:** 多くの **trendig:** 流行の **das Café, -s:** カフェ **die Kneipe, -n:** 居酒屋
das Restaurant, -s: レストラン **die Bar, -s:** バー **der Club, -s:** クラブ **leben:** 暮らす **arbeiten:** 働く
der Künstler, –: 芸術家 **auf dem Prenzlauer Berg – Berlins einzigem Hügel:** プレンツラウアー・ベルク(山)、すなわちベルリン唯一の丘の上（第二次世界大戦後に都市の瓦礫を集めて作った標高91mの丘）で

より正確で美しい発音を目指しましょう。【RとLの区別】

DL 47

- Lは舌先を上の歯茎につけて発音します。それに対してRは、英語と異なり、喉の奥を震わせるように発音しますから注意が必要です。

練習1 **RとLを区別して発音しましょう。**

DL 48

rot – Lot　laufen – raufen　Rahm – lahm　braun – blau　kalt – Karte

練習2 **次の単語を発音して違いがわかるかどうか隣の人とお互いに声を出して練習してみましょう。**

Radtour　Freising　los　älteste Brauerei der Welt
Professor　Werner　Vorbereitung　Freundin　Erkältung
klingt toll

基本練習1　次の下線部に動詞を適切な形にして入れ、パートナーと練習しましょう。

1) ● Wann __________ Sie __________ ? (auf|stehen: 起きる)

◆ Um zehn Uhr __________ ich __________ . (auf|stehen)

2) ● Was __________ du im Winter __________ ? (vor|haben: 予定する)

◆ Ich __________ eine Reise __________ . (vor|haben)

3) ● Wann __________ der Unterricht __________ ? (an|fangen: 始まる)

◆ Um neun Uhr.

4) ● Um wie viel Uhr __________ der Zug __________ ? (ab|fahren: 発車する)

◆ Um elf Uhr.

基本練習2　次の下線部に動詞を適切な形にして（何も入らない場合は×を）入れ、パートナーと練習しましょう。

1) ● Wann __________ du deinen Onkel __________ ? (besuchen: 訪ねる)

◆ Am Freitag.

2) ● Wo __________ das Konzert __________ ? (statt|finden: 開催される)

◆ In Köln.

3) ● Was __________ du __________ ? (bestellen: 注文する)

◆ Ich __________ eine Tasse Kaffee __________ . (bestellen)

4) ● __________ du oft __________ ? (fern|sehen: テレビを見る)

◆ Nein, ich __________ selten __________ . (fern|sehen) (selten: めったに～ない)

基本練習3　次の下線部に動詞を適切な形にして入れ、カッコには doch か nein を入れて、パートナーと練習しましょう。

1) ● __________ du heute __________? (ein|kaufen: 買い物をする)

◆ (　　　　), ich __________heute __________.

2) ● Es regnet. __________ das Fußballspiel nicht __________? (statt|finden: 開催される)

◆ (　　　　), es __________ nicht __________.

3) ● __________ ihr gar nicht __________ ? (fern|sehen: テレビを見る)[gar nicht: ぜんぜん～ない]

◆ (　　　　), wir __________ ein wenig __________. [ein wenig: ほんの少し]

4) ● Wir gehen schwimmen. __________ Sie nicht __________?
(mit|kommen: 一緒に来る/行く)

◆ (　　　　), ich __________ gern __________.

【20以降の数】 DL 49

20	zwanzig	21	einundzwanzig	22	zweiundzwanzig	23	dreiundzwanzig
24	vierundzwanzig	25	fünfundzwanzig	26	sechsundzwanzig	27	siebenundzwanzig
28	achtundzwanzig	29	neunundzwanzig	30	dreißig	40	vierzig
50	fünfzig	60	sechzig	70	siebzig	80	achtzig
90	neunzig	100	[ein]hundert	1000	[ein]tausend		

Lektion 7
Kommt Thomas heute Abend zu uns? Kommt er mit seiner Freundin?/ Da machen wir Urlaub auf dem Bauernhof.

できるようになること 週末や休みの予定を話す

ドイツ語の仕組み 前置詞

A. Kommt Thomas heute Abend zu uns? Kommt er mit seiner Freundin?

DL 50

Leo: Wann fangen wir mit den Vorbereitungen an?
Aika: Etwa um 17 Uhr, o.k.?
Leo: Gut. Und wer kommt heute Abend noch zu uns?
Aika: Irene, Jutta und Kevin.
Leo: Und kommt Thomas heute Abend auch zu uns?
Kommt er mit seiner Freundin?
Aika: Wegen einer Erkältung kommt er nicht.

パートナーと語句を入れ替えて練習しましょう。

DL 51

● **Kommt er heute Abend zu uns?**
◆ **Nein, er geht** *zum Arzt* .

zur Ärztin 医者（女性）へ　**zur Sprachschule** 語学学校へ　**zum Jobben** アルバイトをしに

● **Kommt er** *mit seiner Freundin* ?
◆ **Ja, er kommt** *mit seiner Freundin* .　◆ **Nein, er kommt** *mit seinem Freund* .

mit seinen Freunden

● **Was ist denn das?**
◆ **Das ist ein Geschenk** *für meine Mutter* .

für meinen Vater　**für mein Kind**　**für meine Eltern**

課の最後にある基本練習1を解いてみましょう。 ➡p.49

ドイツ語の仕組み

1. 前置詞（その1）

- 前置詞は、名詞や代名詞と結びついて、「～の前」「～の後ろ」などのように場所や空間の位置関係を示したり、「～のために」「～なしに」などのさまざまな様態を表します。
- それぞれの前置詞は、一定の格と結びついて使われます。次の4種類があります。
  (a) Akkusativ [4格]と結びつく前置詞　(b) Dativ [3格]と結びつく前置詞
  (c) Genitiv [2格]と結びつく前置詞　(d) 場合によってAkkusativ [4格]とDativ [3格]を使い分ける前置詞
- 覚えるときは、できるだけ意味のまとまった句や文のかたちで覚えていきましょう。

(a) Akkusativ [4格]と結びつく主な前置詞と主な意味：例文を読んで訳してみよう。

bis	～まで	**Bis Sonntag arbeite ich noch.**
durch	～を通って	**Das Rotkäppchen geht durch den Wald.**
für	～のために	**Das ist ein Geschenk für meine Eltern.**
gegen	～に向かって、～に対して	**Japan spielt gegen Deutschland.**
	～時ごろに	**Das Spiel findet gegen drei Uhr statt.**
ohne	～なしに	**Ohne deine Hilfe bin ich ratlos.**
um	～のまわりに	**Politiker sitzen um den Tisch und diskutieren.**
	～時に	**Der Vortrag fängt um 17 Uhr an.**

(b) Dativ [3格]と結びつく主な前置詞と主な意味

aus	～の中から	**Die Kinder kommen aus dem Haus.**
bei	～のところで	**Jetzt bin ich bei meinen Großeltern.**
	～の際に	**Beim Essen spricht er so laut.**
mit	～とともに	**Er fährt mit seiner Familie nach Deutschland.**
	～を使って	**Kommst du mit dem Bus oder mit der Bahn?**
nach	～へ（方向）	**Wir fliegen morgen nach Deutschland.**
	～の後で	**Nach dem Essen arbeiten wir in der Bibliothek.**
seit	～以来	**Seit April lernen wir Deutsch.**
von	～の	**Das ist ein Gemälde von Albrecht Dürer.**
	～から	**Von Montag bis Samstag ist das Geschäft geöffnet.**
zu	～へ（方向）	**Fährst du heute zu deiner Tante?**
	～のために	**Das ist ein Papier zum Schreiben.**

(c) Genitiv [2格]と結びつく主な前置詞と主な意味

statt	～の代わりに	**Statt meines Vaters gehe ich zur Party.**
trotz	～にもかかわらず	**Trotz des Regens spielen die Kinder draußen.**
während	～の間	**Wir jobben während der Ferien bei der Firma.**
wegen	～のせいで	**Wegen des Schnees fällt das Baseballspiel aus.**

B. Da machen wir Urlaub auf dem Bauernhof.

● **Was machen wir im Sommer? Hast du eine Idee?**

◆ **Hm ... Fahren wir aufs Land?**

● **Prima! Aber was machen wir da?**

◆ **Auf dem Land? Da machen wir Urlaub auf dem Bauernhof.**

● **Klingt gut! Was machen wir da konkret?**

◆ **Wir helfen z.B. bei der Ernte, gehen spazieren, lesen Bücher, faulenzen ...**

パートナーと語句を入れ替えて練習しましょう。

● **Was machen wir im Sommer?**

◆ **Fahren wir** ___*aufs Land*___ **?** 田舎へ

ans Meer 海へ	in die Berge 山へ	auf eine Südsee-Insel 南の島へ

● **Prima! Aber was machen wir da?**

◆ ___*Auf dem Land*___ **? Da** ___*machen wir Urlaub auf dem Bauernhof*___ **.**

田舎で　農家での休暇を過ごす

am Meer 海辺で	schwimmen wir im Meer 海で泳ぐ
in den Bergen 山で	machen wir Wanderungen 山歩きをする
auf einer Südsee-Insel 南の島で	liegen wir in der Sonne 日光浴をする

課の最後にある基本練習2を解いてみましょう。 ➡p.49

2. 前置詞（その2）

(d) 場合によって4格と3格を使い分ける前置詞

- 次の9つの前置詞は、4格と3格を意味に応じて使い分ける前置詞です。

- 使い分けの決まりは、次のとおり。

「運動の方向」を表す場合は4格

Die Katze springt auf das Sofa.
ネコはソファの上に飛び乗る。

「運動の場所」を表す場合は3格

Die Katze schläft auf dem Sofa.
ネコはソファの上で眠る。

- この9つの前置詞に関する注意点

  ここで紹介したのは、その代表的な空間的な意味についてです。

  他にも、時間的な意味（例：vor dem Essen: 食事の前に）や、熟語的な使い方（例：Ich warte auf ein Taxi.: タクシーを待っている）などがあり、どちらの格かは、それぞれ確認する必要があります。

  2つの格を使い分ける前置詞は、この9つだけです。例えばzu「～へ」は方向を表していますが、zu meinem Onkel「おじさんのところへ」のように、この前置詞は3格と結びつくのが決まりなのです。

3. 前置詞と定冠詞の融合形

- いくつかの前置詞と定冠詞の組み合わせでは、定冠詞の指示作用が弱い場合に、前置詞と定冠詞の融合形が使われます。

am = an dem	**ans = an das**	**aufs = auf das**
beim = bei dem	**im = in dem**	**ins = in das**
vom = von dem	**zum = zu dem**	**zur = zu der**

- この9つが主に使われるものです。なお融合形は、特定の決まった前置詞と定冠詞の結びつきの場合だけで使われます。
- 定冠詞の指示作用が明確な場合には、融合形は使われません。

ドイツ語の文章を読んでみましょう。 DL 54

Das Studium in Deutschland

Ein Auslandsstudium in Deutschland ist sehr populär. Die Studierenden kommen aus vielen verschiedenen Ländern. Die meisten Studentinnen und Studenten kommen aus China. Viele Studierende kommen auch aus Indien, Österreich, Russland und Italien. Den Studierenden sind gute Berufschancen und die Qualität der Hochschulausbildung wichtig. Die meisten ausländischen Studierenden empfehlen das Studium in Deutschland auch ihren Freunden und Bekannten in der Heimat. In Deutschland ist das Studium außerdem fast kostenlos und die Lebenshaltungskosten sind niedrig. In den USA, Großbritannien und Australien bezahlt man für beides wesentlich mehr.

語句 **das Studium:** 大学での勉学　**das Auslandsstudium:** 留学（**das Ausland:** 外国）　**populär:** 人気のある **die Studierenden / Studierende:** 学生たち〔**studieren**「（大学で）学ぶ、専攻する」の名詞化 ⇒『ABCドイツ語２』第5課参照〕 **aus vielen verschiedenen Ländern:** 多くの様々な国から（**verschieden:** 異なった　**das Land, Länder:** 国）　**die meisten ...:** たいていの…
den Studierenden: 学生たちにとっては〔複数Dat. [3格]〕
gute Berufschancen: よい就職のチャンス〔複数Nom. [1格]〕　**die Qualität:** 質
die Hochschulausbildung: 大学教育（**die Hochschule:** 高等教育機関、大学　**die Ausbildung:** 教育）
wichtig: 大切な　**ausländisch:** 外国の　**empfehlen:** 勧める　**ihren Bekannten:** 自分たちの知り合いたちに〔複数Dat. [3格]。形容詞 **bekannt**「知っている」の名詞化〕　**die Heimat:** 故郷
außerdem: その他に　**kostenlos:** 無料の　**die Lebenshaltungskosten (*Pl.*):** 生活費　**niedrig:** 低い
bezahlen: 支払う　**beides:** 両方〔ここでは授業料と生活費〕　**wesentlich:** 本質的に、ずっと
mehr: より多く〔viel「多い」の比較級〕

より正確で美しい発音を目指しましょう。【b – d – g – ngの発音】 DL 55

練習1　b – d – g – ngの発音について次の例から、その特徴を考えましょう。

Guten Tag.　**Etwa gegen Mittag.**　**Auf dem Land.**
Deutschland　**Bald kommen die Freunde.**　**Ich trinke Bier.**
Wir machen Urlaub.　**Entschuldigung!**

練習2　音の違いを意識して発音しましょう。 DL 56

Bein – Hieb　**Diele – Lied**　**gehen – Tag**
Verzeihung　**Johann Wolfgang Goethe**

基本練習1 かっこ内の語を適切な形にして下線部に書き入れ、パートナーと練習しましょう。
スラッシュの後ろには、前置詞zuと定冠詞の融合形を入れましょう。

1) ● **Wie fahren Sie zu ______________ (die Uni) / ________ Uni?**
◆ **Ich fahre mit ___________ (die U-Bahn) zu ___________ (die Uni) / ________ Uni.**

2) ● **Für wen*** **ist das Geschenk?**
◆ **Für ___________ (mein Bruder).**

3) ● **Wie lange lernst du Deutsch?**
◆ **Seit ___________ (ein Monat) lerne ich Deutsch.**

4) ● **Wann gehst du zu ___________ (der Arzt) / _______ Arzt?**
◆ **Das weiß ich noch nicht. Vielleicht gegen 16 Uhr?**

* [wer (N/1) - wen (A/4) - wem (D/3) - wessen (G/2)]

基本練習2 かっこ内の語を適切な形にして下線部に書き入れ、パートナーと練習しましょう。

1) ● **Wo ist meine Brille?**
◆ **Ihre Brille ist in _________________ (die Tasche) hier.**
● **Legen Sie sie bitte auf _________________ (der Tisch).**

2) ● **Wohin gehst du nach _________________ (der Unterricht)?**
◆ **Nach _________________ (der Unterricht) gehe ich in _________________ (das Restaurant) / _______ Restaurant** [融合形で]**.**

3) ● **Wohin geht deine Katze?** — ◆ **Sie geht hinter _________________ (die Tür).**
● **Wo ist die Katze jetzt?** — ◆ **Sie sitzt jetzt hinter _________________ (die Tür).**

4) ● **Wohin fahrt ihr heute?**
◆ **Trotz _________________ (der Regen) fahren wir heute an _________________ (der See).**

【曜日にかかわる表現】

der Montag 月曜日　**der Dienstag** 火曜日　**der Mittwoch** 水曜日　**der Donnerstag** 木曜日
der Freitag 金曜日　**der Samstag** 土曜日　**der Sonntag** 日曜日
das Wochenende 週末　**die Werktage** 平日（複数）

am **Montag** 月曜日に　am **Wochenende** 週末に　an den **Werktagen** 平日に

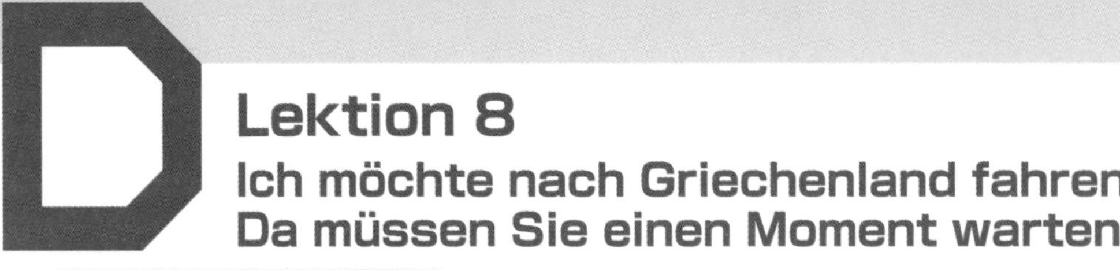

Lektion 8
Ich möchte nach Griechenland fahren. / Da müssen Sie einen Moment warten.

できるようになること したいこと・しなければいけないことなどを話す

ドイツ語の仕組み 助動詞

A. Ich möchte nach Griechenland fahren.

DL 57

Leo: Ach, bald kommen die Ferien!

Aika: Stimmt! Was möchtest du da machen?

Leo: Ich möchte nach Griechenland fahren. Und du?

Aika: Ich möchte irgendwo auf einer Insel sein.

Leo: Da kann ich dir die Insel Rügen empfehlen.

パートナーと国名や地域名をいろいろ入れ替えて練習しましょう。

DL 58

- ● **Was möchtest du da machen?**
- ◆ **Ich möchte** *nach Griechenland* **fahren.**
- ● **Da kann ich dir** *die Insel Kreta* **empfehlen.**
- ◆ **Prima! Danke!!**

自分の行きたい国、そこでしたいことを入れましょう。

- ● **Was möchtest du in den Sommerferien machen?**
- ◆ **Ich möchte** *nach Deutschland* **fahren.**
- ● **Und was möchtest du da machen?**
- ◆ **Da möchte ich** *Deutsch lernen* **.**

jobben バイトする	**Sehenswürdigkeiten besuchen** 名所を訪ねる
in Museen gehen 美術館/博物館(複数)に行く	**Fußballspiele sehen** サッカーの試合を見る

他の表現は先生に聞いてみよう！

課の最後にある基本練習1を解いてみましょう。 ➡p.57

ドイツ語の仕組み

1. 助動詞（その1）

- 「～したい」、「～できる」など、動詞にさらにニュアンスを加えて表現できるのが助動詞です。
- 助動詞の文を作る際の基本は、英語の場合と同じで、<助動詞 + 不定詞>です。ただし、英語と異なる点は、次の2つです。

  1. 助動詞が人称変化する

  2. 動詞の不定詞は文末に位置する

	I	II		文末
不定句 (= 主語や動詞の時制が定まっていない状態)				
			die Insel Rügen	**empfehlen können** リューゲン島をお勧めできる
平叙文	**Ich**	**kann**	**die Insel Rügen**	**empfehlen.** 私はリューゲン島をお勧めできる。
疑問文	—	**Können**	**Sie die Insel Rügen**	**empfehlen?** あなたはリューゲン島をお勧めできますか？
W-疑問文	**Wem**	**kannst**	**du die Insel Rügen**	**empfehlen?** 誰に君はリューゲン島をお勧めできるの？

分離動詞の場合

	I	II		文末
不定句			**schon um 4 Uhr**	**aufstehen können** もう4時に起きることができる
平叙文	**Er**	**kann**	**schon um 4 Uhr**	**aufstehen.** 彼はもう4時に起きることができる。

- 助動詞の種類と人称変化（ichとer/es/sieで語尾がないことをチェックしましょう）

dürfen ～してよい

ich	darf	wir	dürfen
du	darfst	ihr	dürft
er*	darf	sie/Sie	dürfen

können ～できる

ich	kann	wir	können
du	kannst	ihr	könnt
er	kann	sie/Sie	können

mögen ～かもしれない、〔普通動詞として〕好きだ

ich	mag	wir	mögen
du	magst	ihr	mögt
er	mag	sie/Sie	mögen

* erでer/es/sieを代表させます。

müssen ～しなければならない

ich	muss	wir	müssen
du	musst	ihr	müsst
er	muss	sie/Sie	müssen

sollen ～すべき、～するように言われている

ich	soll	wir	sollen
du	sollst	ihr	sollt
er	soll	sie/Sie	sollen

wollen ～するつもりだ〔強い意志〕

ich	will	wir	wollen
du	willst	ihr	wollt
er	will	sie/Sie	wollen

* **möchte**「～したい（wollenに比べて控えめな願望）」の人称変化は、Lektion 4の2.を参照してください。

B. Da müssen Sie einen Moment warten.

DL 59

Aika: Entschuldigung, ich möchte hier fotografieren. Ist das in Ordnung?

Mann: Ja, hier dürfen Sie natürlich fotografieren.
Aber den Blitz dürfen Sie nicht benutzen.

Aika: Alles klar! Und ich möchte die Bibliothek benutzen.

Mann: Da müssen Sie einen Moment warten. In fünf Minuten ist sie auf.

パートナーと語句を入れ替えて練習しましょう。

DL 60

- ● **Darf ich hier** ___*fotografieren*___ **?**
- ◆ **Ja, natürlich dürfen Sie hier** ___*fotografieren*___ **.** 写真を撮る

parken
駐車する

rauchen
タバコを吸う

Eis essen
アイスクリームを食べる

Bier trinken
ビールを飲む

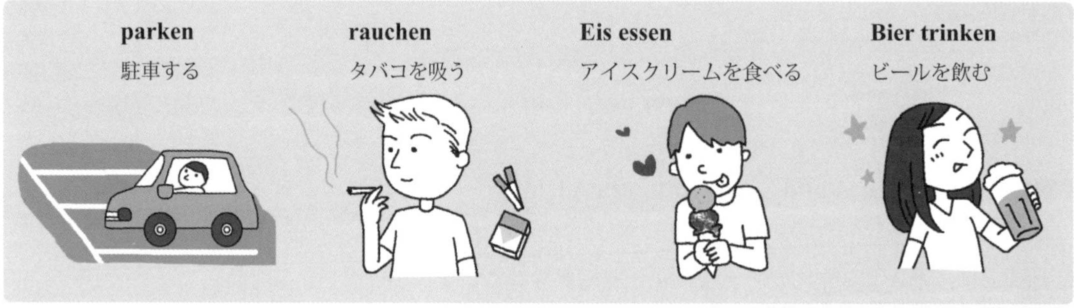

- ● **Ich möchte die Bibliothek benutzen.**
- ◆ **Da müssen Sie** ___*einen Moment warten*___ **.** 少し待つ

zum Schalter gehen
カウンターに行く

einen Ausweis vorlegen
身分証を示す

die Tasche ins Schließfach legen
カバンをロッカーに入れる

課の最後にある基本練習2を解いてみましょう 。➡p.57

2. 助動詞（その2）

• 助動詞の主な意味は次の通りです。音読しながらチェックしましょう。

dürfen ～してよい（許可）

Dürfen wir heute schwimmen? 今日は泳いでいいのですか？

[否定とともに] ～してはいけない（禁止）

Nein, heute dürft ihr nicht schwimmen. いや、今日は泳いではいけないよ。

können ～できる（能力、可能）

Können Sie Ski fahren? スキーはできますか？

mögen （普通動詞として）～が好きだ、（助動詞として）～かもしれない（可能性）

Magst du Tiere? 動物は好き？

Es mag wahr sein. それは本当かもしれない。

möchte ～したい（**wollen**に比べて控えめな願望）

Was möchtet ihr machen? 君たちは何をしたいんだい？

müssen ～しなければならない（義務）

Wohin musst du morgen gehen? 君は明日どこへ行かないといけないの？

[否定とともに] ～しなくてもよい

Morgen muss ich nicht arbeiten. 明日は働かなくていいんだ。

sollen* ～すべき、～するように言われている

Er soll nach Wien fahren. 彼はウィーンに行くように言われている。

[**Soll ich ...? / Sollen wir ...?**のかたちで] ～しましょうか？

Soll ich Ihnen helfen? お手伝いしましょうか？

* sollenの意味の基本は、「（主語以外の）ものの意志」です。なので、Er soll nach Wien fahren.では、例えば上司が主語の彼にミュンヘンへ行くように指図した、という含みで使います。誰の意志なのかは、文脈で判断します。

wollen ～するつもりだ（強い意志：英語のwillのような単純な未来を表す使い方はしません）

Sie will unbedingt in Wien studieren. 彼女は絶対にウィーンで学ぶつもりだ。

[**Wollen wir ...?**のかたちで]（一緒に）～しようか？

Wollen wir ins Konzert gehen? コンサートに行こうか？

ドイツ語の文章を読んでみましょう。

DL 61

2021年のドイツの自動車総数は4825万台で、ドイツ人1000人につき575台の自動車があります。

Autos in Deutschland

Die Deutschen lieben Autos. Viele deutsche Autos sind auch im Ausland sehr beliebt. In Japan sieht man z.B. viele Aotos von Mercedes-Benz, BMW, Audi oder VW (Volkswagen). Die Zukunft des „Spritfressers" ist jedoch unklar. Für den Umweltschutz müssen klimaschädliche Treibhausgase wie CO_2 reduziert werden. Die Alternativen zum eigenen Auto sind Carsharing, die Nutzung von Bus, Bahn und Fahrrad. Trotzdem wollen viele Menschen nicht auf ihr Auto verzichten. Denn ein Auto bedeutet für sie nicht nur Flexibilität. Ein teures Auto ist oft auch ein wichtiges Statussymbol.

語句　**das Auto,- s:** 自動車　**die Deutschen:** ドイツ人たち　**viele deutsche Autos:** 多くのドイツの自動車　**das Ausland:** 外国　**beliebt:** 人気のある　**die Zukunft:** 未来　**der Spritfresser:** ガソリンを食う者（**der Sprit:** ガソリン　**der Fresser:** 大食い(する人)）　**jedoch:** しかしながら　**unklar:** 明らかでない　**der Umweltschutz**：環境保護　**klimaschädlich:** 気候温暖化によくない　**das Treibhausgas, -e:** 温室効果ガス　**reduziert werden:** 軽減される〔受動の不定形〕　**die Alternative, -n:** (他の)選択肢　**zum eigenen Auto:** 自分自身の車への　**z.B. = zum Beispiel:** 例えば　**Carsharing:** カーシェアリング　**die Nutzung:** 利用　**der Bus:** バス　**die Bahn:** 鉄道　**das Fahrrad:** 自転車　**trotzdem:** それにもかかわらず　**viele Menschen:** 多くの人たち（**der Mensch, -en:** 人間）　**auf ...$^{A/4}$ verzichten:** …を諦める　**bedeuten:** 意味する　**für ...$^{A/4}$:** …にとって　**die Flexibilität:** フレキシビリティ、柔軟さ　**teuer:** 値の高い〔**teuer**は変化語尾が付くと、語幹が**teur-**になります〕　**oft:** しばしば、よく　**wichtig:** 重要な　**das Statussymbol:** ステータスシンボル（地位の象徴）

より正確で美しい発音を目指しましょう。【oとuの発音】

DL 62

- 母音oとuは、長母音と短母音とでは唇の緊張度（張り具合）が異なります。

長母音のo：長母音の時には唇を丸くして、舌をできるだけ引くようにして発音します。

Hallo Leo!　　**Oh, das ist schlimm.**

Das ist Ihre Mappe, oder?　　**Gegen 8 Uhr fahren wir los.**

短母音のo：唇の力を少し抜いて緩く発音します。

Was machen wir im Sommer?　　**Oh, das ist toll.**

長母音のu：母音の時の唇の緊張は同様ですが、oよりももう少し丸くとがらせて突き出します。

Hast du jetzt Zeit?　　**Guten Appetit!**

Guten Tag, ich möchte einen Kugelschreiber.

短母音のu：oの短母音の場合と同様に唇の力を抜いて緩く発音します。

Entschuldigung.　　**Ist das hier in Ordnung?**　　**Etwa um 17 Uhr.**

基本練習1　次の文をかっこ内の助動詞を使って書き換えて、パートナーと練習しましょう。

1) ● Fahren Sie Ski? (können)　⇒ Können Sie Ski ______________ ?

◆ Ja, ich fahre Ski. (können)　⇒ Ja, ich ______________ Ski fahren.

2) ● Schläfst du am Wochenende lange? (wollen)

⇒ __________ du am Wochenende lange __________ ?

◆ Ja, da schlafe ich immer lange. (wollen)

⇒ Ja, da __________ ich lange ______________ .

3) ● Was schenken Sie Ihrer Mutter? (möchte) ⇒ ______________________________

◆ Ich schenke ihr eine Tasche. (möchte) ⇒ ______________________________

4) ● Spielt ihr Fußball? (möchte) ⇒ ______________________________

◆ Ja, wir spielen Fußball. (möchte) ⇒ ______________________________

基本練習2　次の文をかっこ内の助動詞を加えて書き換え、パートナーと練習しましょう。

1) ● Was machst du heute? (müssen)　⇒ Was __________ du heute __________ ?

◆ Heute helfe ich meiner Mutter. (müssen) ⇒ Heute __________ ich ______________ .

2) ● Liest Peter das Buch? (dürfen)　⇒ __________ Peter das Buch __________ ?

◆ Nein, er liest das Buch nicht. (dürfen) ⇒ Nein, er ______________________ .

3) ● Was mache ich jetzt? (sollen)　⇒ ______________________________

◆ Du besuchst deinen Opa im Krankenhaus. (sollen)

⇒ ______________________________

4) ● Wo parken wir? (dürfen)　⇒ ______________________________

◆ Sie parken hier am Straßenrand. (dürfen) ⇒ ______________________________

発展　基本的な意味のほかに、助動詞は次のような意味でも使われます。（今は参考程度で）

können　～かもしれない（推量、可能性）

Es ist so kalt. Morgen kann es schneien. とても寒いね。明日は雪が降るかもしれない。

mögen　～かもしれないが…（推量：反論が続くことが多い）

Das Gewitter mag kommen, aber es ist mir egal.

雷雨は来るかもしれないが、私にはどうでもよい。

müssen　～にちがいない（必然）

Die Wolken sind so niedrig. Morgen muss es regnen.

雲がとても低い。明日雨が降るにちがいない。

sollen　～らしい/～だという話だ（伝聞）

Dem Wetterbericht nach soll es morgen regnen. 天気予報によれば明日は雨が降るらしい。

wollen　～だと言い張る（主張）

Sie kommt nicht. Sie will schwer krank sein. 彼女は来ないよ。重病だと言い張っている。

D Lektion 9

Das war ein Mädchen von drei Jahren. / Ich konnte dich nicht finden.

できるようになること 過去の出来事を語る1

ドイツ語の仕組み 動詞の三基本形、過去形

A. Das war ein Mädchen von drei Jahren.

DL 63

Aika: Ich bin so müde. Aber ich kann nicht einschlafen.

Anna: Dann lese ich dir ein Märchen vor. Vielleicht kannst du dann schlafen: „Vor einem großen Wald lebte ein Holzhacker mit seiner Frau, der hatte nur ein einziges Kind, das war ein Mädchen von drei Jahren...“

Aika: Was ist das?

Anna: Der Anfang vom „Marienkind“ aus Grimms Märchen.

Aika: Ich bin jetzt gespannt auf die Geschichte. Ich kann unmöglich schlafen!

パートナーと語句を入れ替えて練習しましょう。

DL 64

● **Wo warst du gestern Abend?**

◆ **Ich war** ___*in der Bibliothek*___ **.** 図書館に

im Konzert コンサートに　　**in der Kneipe** 飲み屋に　　**zu Hause** 家に

自分の子どものときのことをパートナーに話してみよう。

● **Ich bin in** ___*Soka*___ **geboren. Als Kind war ich** ___*glücklich*___ **.** 幸せな

immer munter いつも活発な　　**oft krank** よく病気の　　**sehr schüchtern** とても内気な

● **Ich hatte** ___*viele Freundinnen und Freunde*___ **.** たくさん友だちがいた

einen Hund 犬　　**gute Freundinnen und Freunde** いい友だちがいた　　**eine Katze** 猫

● **Ich spielte** ___*gern Fußball*___ **.** サッカーをするのが好きだった

gern Baseball 野球が好き　　**mit ihnen zu Hause** 彼らと家で　　**mit der Katze** 猫と

課の最後にある基本練習1を解いてみましょう。 ➡p.63

ドイツ語の仕組み

1. 動詞の三基本形

- 動詞には、「不定形」「過去基本形」「過去分詞」の3つの基本のかたちがあります。
- 英語や他のヨーロッパ系の言語と同様に、規則変化と不規則変化があります。

(1) 規則変化

不定形	意味	過去基本形	過去分詞
lernen	学ぶ	**lernte**	**gelernt**
spielen	遊ぶ	**spielte**	**gespielt**

- 語幹が-dや-tなどで終わる動詞では、語尾部分で-e-を加えます。

arbeiten	働く	**arbeitete**	**gearbeitet**
baden	入浴する	**badete**	**gebadet**

(2) 不規則変化（基本は語幹の母音の音が変わります）

sein	である	**war**	**gewesen**
haben	持っている	**hatte**	**gehabt**
werden	なる	**wurde**	**geworden**
kommen	来る	**kam**	**gekommen**
gehen	行く	**ging**	**gegangen**
denken	考える	**dachte**	**gedacht**

＊不規則変化動詞は、巻末の三基本形の表や辞書で確認しましょう。

(3) 注意が必要な場合

a. 分離動詞の場合

不定形	意味	過去基本形	過去分詞
aussuchen	探し出す	**suchte aus**	**ausgesucht**
aufstehen	起きる	**stand auf**	**aufgestanden**

b. 非分離動詞の場合は、過去分詞でgeを付けません。

besuchen	訪ねる	**besuchte**	**besucht**
verstehen	分かる	**verstand**	**verstanden**

c. -ieren型の動詞（すべて規則変化動詞）は、過去分詞でge-を付けません。

studieren	大学で学ぶ	**studierte**	**studiert**
fotografieren	写真を撮る	**fotografierte**	**fotografiert**

B. Ich konnte dich nicht finden.

DL 65

Leo: Ich war gestern Abend in der Bibliothek.

Aika: Ja? Du warst in der Bibliothek? Ich auch!

Leo: Wirklich? Ich musste eine Hausarbeit fertig schreiben. Und du?

Aika: Ich sollte in Lexika nachschlagen, wer Dietrich Bonhoeffer war. Der Professor sagte nämlich zu mir: „Sie sollen nicht im Internet suchen, sondern in Büchern!“

パートナーと語句を入れ替えて練習しましょう。

DL 66

● **Waren Sie gestern in der Bibliothek?**

◆ **Ja, ich musste** *eine Hausarbeit schreiben* **.** レポートを書く

in Lexika nachschlagen 辞書(複)で調べる

für ein Referat Bücher lesen 口頭発表のために本を読む

im Internet recherchieren インターネットで調べる

上のich musste「しなければならなかった」をich wollte「したかった」に変えて練習しましょう。

● **Waren Sie gestern in der Bibliothek?**

◆ **Ja, ich wollte** *eine Hausarbeit schreiben* **.**

課の最後にある基本練習2を解いてみましょう。 ➡p.63

ドイツ語の仕組み

2. 過去形

- 過去のことを表現するのに、ドイツ語では現在完了形と過去形の2つが使われます。
- 過去形を作るには、過去基本形をもとにします。
- 過去形にも人称変化があります。現在形での人称変化との違いは、ichとer/es/sieで語尾がないことです。

過去形の人称変化語尾

ich	**–**	**wir**	**-(e)n**
du	**-st**	**ihr**	**-t**
er	**–**	**sie**	**-(e)n**
		Sie	**-(e)n**

lernen — lernte

ich	**lernte**	**wir**	**lernten**
du	**lerntest**	**ihr**	**lerntet**
er	**lernte**	**sie**	**lernten**
		Sie	**lernten**

sein — war

ich	**war**	**wir**	**waren**
du	**warst**	**ihr**	**wart**
er	**war**	**sie**	**waren**
		Sie	**waren**

haben — hatte

ich	**hatte**	**wir**	**hatten**
du	**hattest**	**ihr**	**hattet**
er	**hatte**	**sie**	**hatten**
		Sie	**hatten**

können — konnte

ich	**konnte**	**wir**	**konnten**
du	**konntest**	**ihr**	**konntet**
er	**konnte**	**sie**	**konnten**
		Sie	**konnten**

müssen — musste

ich	**musste**	**wir**	**mussten**
du	**musstest**	**ihr**	**musstet**
er	**musste**	**sie**	**mussten**
		Sie	**mussten**

wollen — wollte

ich	**wollte**	**wir**	**wollten**
du	**wolltest**	**ihr**	**wolltet**
er	**wollte**	**sie**	**wollten**
		Sie	**wollten**

3. 過去形を使う場面

- 過去形は、主に小説や報告書などのモノローグ（独白）的な文体で使われます。
- 日常会話では、多くの場合に次の課で学ぶ現在完了形が使われますが、sein、habenと助動詞については過去形が好まれます。

  Ich war in Berlin und hatte viel Zeit.　ベルリンにいて、時間がたっぷりありました。
- 過去のことと現在のことを対比して語る場合には、過去のことについて過去形を使います。

  Früher stand hier eine Buchhandlung und jetzt steht hier ein Café.

  以前ここには書店があり、今はカフェがあります。

ドイツ語の文章を読んでみましょう。

DL 67

Aus dem „Schneewittchen“

Die Königin war sehr stolz und übermütig. Sie hatte einen Spiegel, der hatte Zauberkräfte: Er erzählte nur die Wahrheit. Die Königin fragte den Spiegel:
„Spieglein, Spieglein an der Wand, 小さな鏡よ壁の小さな鏡、
wer ist die schönste im ganzen Land?“ 国中で一番美しいのはだれ？
Da antwortete der Spiegel:
„Frau Königin, Ihr seid die schönste hier, 女王様、ここではあなた様が一番美しい、
aber Schneewittchen ist tausendmal schöner als Ihr.“ だが白雪姫はあなた様より千倍も美しい。
Die Königin erschrak und wurde vor Neid gelb und grün. So hasste sie das Mädchen.

語句 **das Schneewittchen:** 白雪姫（なお、グリムでは北ドイツ方言で**Snee-**と綴っています）
die Königin, -nen: 女王　**stolz:** 誇り高い　**übermütig:** 傲慢な　**der Spiegel, -:** 鏡
der hatte ... = der Spiegel hatte ...　**die Zauberkraft, ...kräfte:** 魔法の力　**erzählen:** 物語る
nur: …だけ　**die Wahrheit, -en:** 真実　**fragen:** …$^{A/4}$に尋ねる
da: そこで　**antworten:** 答える　**erschrak < erschrecken:** 驚く　**vor Neid:** 嫉妬のあまり
gelb: 黄色い　**grün:** 緑色の　**hassen:** 憎む　**das Mädchen, -:** 少女（ここでは白雪姫）

Ludwig Richter (um 1850)

Otto Ubbelohde (1907)

より正確で美しい発音を目指しましょう。【二重母音】

DL 68

・母音が二つ重なっている場合、これを二重母音と言います。ドイツ語では次のつづりです。

ai, ei, ay, ey	**Mai**	**heißen**	**Bayern**	**Meyer**
au	**Brauerei**	**Frau**	**laufen**	**rauchen**
eu, äu	**Deutschland**	**euch**	**Fräulein**	**träumen**

練習　これまでに出てきた単語を読んでみましょう。その際に文の意味も思い出してください。 DL 69

Das ist ein Kohlrabi.
Sie gehört vielleicht dem Professor.
Wer kommt heute Abend noch gleich?
Ich auch!
Das weiß ich nicht.
die älteste Brauerei
Kommt er mit seiner Freundin?

基本練習1　かっこ内の動詞を過去形に変化させて下線部に書き入れ、パートナーと練習しましょう。
いずれも3人称単数が主語なので、人称変化語尾はありません。

1) ● __________ Leo schon mal in Japan? (sein)
◆ Nein, er __________ noch nicht in Japan. (sein)

2) ● Warum __________ Aika nicht im Unterricht? (sein)
◆ Sie __________ Fieber. (haben)

3) ● Wann __________ Anna gestern nach Hause? (kommen)
◆ Gestern __________ er erst um 11 Uhr nach Hause. (kommen)

4) ● __________ dein Großvater Musik? (lieben)
◆ Ja, er __________ selbst sehr gut Klavier. (spielen)

* なお、3)と4)の会話は、日常会話ではLektion 10で学ぶ現在完了形を使うのが一般的です。

基本練習2　かっこ内の動詞を過去形に変化させて下線部に書き入れ、パートナーと練習しましょう。

1) ● Was __________ er früher werden? (wollen)
◆ Er __________ Fußballspieler werden. (wollen)

2) ● Kannst du Französisch sprechen?
◆ Früher __________ ich Französisch sprechen, aber jetzt nicht mehr. (können)

3) ● __________ ihr gestern auf der Party? (sein)
◆ Nein, gestern __________ wir nicht ausgehen. (dürfen)

4) ● __________ Sie gestern Unterricht? (haben)
◆ Nein, gestern __________ wir in der Bibliothek arbeiten. (müssen)

発展　分詞には「過去分詞」のほかに、「現在分詞」と「未来分詞」があります。

・現在分詞は、不定形に-dを付けて、「～している」という意味になります。

例: **schlafend**「眠っている」、**spielend**「遊んでいる」

ただし、英語の進行形のような用法はなく、基本的には名詞を修飾する使い方をします。
例外として，dringend「至急の」、bedeutend「重要な」などは、述語として使えます。

・未来分詞は、不定形に zu -d（例: geben ⇒ zu gebend）を付けて作り、「～されるべき」という意味になります。
これも基本は名詞を修飾する使い方をします。

例: **Das ist ein schnell zu lösendes Problem.** それはすぐに解決されるべき問題だ。

Lektion 10
Was hast du gestern gemacht? / Ich bin mit Freunden in die Alpen gefahren.

できるようになること 過去の出来事を語る2

ドイツ語の仕組み 現在完了形

A. Was hast du gestern gemacht?

DL 70

Leo: Was hast du gestern gemacht?

Aika: Da war ich in Regensburg und habe die Stadt besichtigt.

Leo: Was hast du da angeschaut?

Aika: Den Dom, die Alte Brücke, die Altstadt ... Alles hat mir sehr gut gefallen!

Leo: Hast du auch an der Alten Brücke Würstchen gegessen?

Aika: Ja, klar! Sie haben wunderbar geschmeckt!!

パートナーと語句を入れ替えて練習しましょう。

DL 71

● **Was hast du gestern gemacht?**

◆ **Ich war in** ___*Regensburg*___ **und habe die Stadt besichtigt.**

● **Was hast du da angeschaut?**

◆ **Ich habe** ___*den Dom, die Alte Brücke und die Altstadt*___ **angeschaut.**

＊ フィクションでドイツのどこかの街に行って、そこの名所を3カ所見てきたことにしましょう。

（例：**Berlin; das Brandenburger Tor, den Reichstag und Unter den Linden**
München; das Rathaus, die Pinakotheken und das BMW-Museum
Köln; den Dom, die Altstadt und das Schokoladen-Museum
________; A, B und C ⇐ 自分で調べて入れてみよう

課の最後にある基本練習1を解いてみましょう。 ➡p.69

ドイツ語の仕組み

1. 現在完了形（habenと結びつく場合）

- 現在完了形は、日常会話で過去のことを表現するのによく使います。
- habenもしくはseinの現在形を人称変化させたものと過去分詞で作ります。
- 過去分詞は、文末に位置します。
- habenを使うか、seinを使うかについては、明確な使い分けがあります。seinを使う場合については、2.で説明します。seinを使う場合以外は、habenとなります。

◎habenとseinの現在形

haben				sein			
ich	habe	wir	haben	ich	bin	wir	sind
du	hast	ihr	habt	du	bist	ihr	seid
er	hat	sie/Sie	haben	er	ist	sie/Sie	sind

	I	II		文末
不定句			Würstchen	gegessen haben ソーセージを食べた
平叙文	Ich	habe	Würstchen	gegessen. 私はソーセージを食べた。
疑問文	—	Hast	du Würstchen	gegessen? 君はソーセージを食べた？
W-疑問文	Was	habt	ihr	gegessen? 君たちは何を食べたの？

2. 過去形と現在完了形の使い分け

- 現在完了形は、日常会話で過去のことを表現するのに使い、これは、「きのう」「昨年」などのように、時間がはっきりしている場合でもそうです。

  Ich habe gestern Deutsch gelernt. （英語: *I learned German yesterday.*）

- ただし、sein、habenと助動詞については、過去形が好まれます。

  Wir waren in einem Restaurant. Wir hatten Hunger, aber wir mussten lange warten.
  レストランに行ってきました。空腹でしたが、長いこと待たないといけませんでした。

- 過去形と現在完了形の2つの時制が混在することもあり得ます。

  Aika hatte Hunger und hat viel Spaghetti gegessen.
  アイカはおなかがすいていて、スパゲティをたくさん食べました。

- 現在完了形は、日常会話などのディアローグ（対話）的な語り/文体です。その過去の出来事がまだ自分と繋がっていて、「きのうドイツ語を学んだ(gestern Deutsch gelernt)」という状態を、今も続いて「持っている(ich habe)」感覚です。

B. Ich bin mit Freunden in die Alpen gefahren.

DL 72

Aika: Du warst die letzte Zeit nicht da. Bist du etwa weggefahren?

Leo: Ja, ich bin mit Freunden in die Alpen gefahren.

Aika: Toll! Und was habt ihr da gemacht? Seid ihr Ski gefahren?

Leo: Fast richtig! Wir sind Snowboard gefahren.

パートナーと語句を入れ替えて練習しましょう。

DL 73

● **Bist du etwa weggefahren?**

◆ **Ja, ich bin mit Freunden** ___*in die Alpen*___ **gefahren.** アルプスへ

auf die Insel Rügen リューゲン島へ

zum Bodensee ボーデン湖へ

in den Schwarzwald シュヴァルツヴァルトへ

(Fotos: Thomas Wolf, Maustadt, Cayambe @Wikipedia)

● **Was habt ihr da gemacht?**

◆ **Wir sind** ___*Snowboard gefahren*___ **.** スノーボードをした

Schlitten gefahren ソリをした

Schlittschuh gelaufen スケートをした

im Stadtpark spazieren gegangen 市の公園を散歩した

課の最後にある基本練習2を解いてみましょう。 ➡p.69

3. 現在完了形（seinと結びつく場合）

- ここではseinと作る現在完了形を紹介します。
- seinと完了形を作る場合は、明確に決まっています。

大前提は、**自動詞（4格の目的語を取らない動詞）**であること

そのうえで、次のような場合です。

(1) 場所の移動を表す：gehen「行く」、kommen「来る」、fahren「(乗り物で)行く」など

(2) 状態の変化を表す：werden「なる」、sterben「死ぬ」、aufstehen「起きる」など

(3) その他：sein「である」、bleiben「とどまる」、passieren「起こる」など

- 辞書には完了形でseinと結びつくことを表して、動詞の後に(s)などと書かれています。
- 現在完了形は、seinの現在人称変化形と過去分詞で作ります。

	I	II		文末（過去分詞）
不定句			**im Sommer nach Europa**	**gefahren sein** 夏にヨーロッパへ行った
	Ich	**bin**	**im Sommer nach Europa**	**gefahren.**
不定句			**um sechs Uhr**	**aufgestanden sein** 6時に起床した
	Lena	**ist**	**um sechs Uhr**	**aufgestanden.**

○注意したい点

1. あくまで自動詞だけですから、移動などを表しても他動詞であればhabenで完了形を作ります。例えば、besuchen「訪ねる」は4格の目的語を取る他動詞なので、habenと完了形を作ります。

   Ich bin zum Krankenhaus gegangen und habe meine kranke Oma besucht.
   病院に行って、病気のおばあちゃんを見舞った。

2. aufstehenや、einschlafen「寝入る」などの動詞では、土台の動詞stehen「立っている」、schlafen「眠る」はともにhabenと完了形を作ります。しかし、aufstehenもeinschlafenも状態の変化を表すので、seinと完了形を作ります。

   Er ist sofort eingeschlafen und hat danach 10 Stunden geschlafen.
   彼はすぐに寝入ってしまい、その後10時間眠っていた。

3. 逆の例では、例えばkommen「来る」は自動詞で場所の移動を表すのでseinと完了形を作りますが、bekommen「得る」は「～を得る」と4格の目的語を取る他動詞ですから、habenと完了形を作るのです。

   Sie ist zu spät gekommen. Deshalb hat sie kein Handout bekommen.
   彼女は遅刻した。そのためハンドアウトをもらわなかった。

ドイツ語の文章を読んでみましょう。

DL 74

Grimms Märchen

Die „Kinder- und Hausmärchen“ der Brüder Grimm sind weltbekannt. Seit 2005 [zweitausendfünf] sind sie außerdem im Weltdokumentenerbe. Die Märchensammlung von Jacob (1785-1863) und Wilhelm Grimm (1786-1859) ist neben der Bibelübersetzung von Martin Luther das bekannteste Buch der deutschen Kulturgeschichte. Es gibt sie in über 160 [einhundertsechzig] verschiedenen Sprachen. In der „Grimmwelt“ in Kassel gibt es die größte Textsammlung. Sie umfasst mehr als 35.000 [fünfunddreißigtausend] Bände. Die beiden Brüder haben Geschichten aus verschiedenen Kulturen gesammelt. So haben sie eine neue Tradition von Märchen geschaffen.

語句 **das Märchen, –:** メルヒェン、昔話 **„Kinder- und Hausmärchen“:** 『子どもと家庭のメルヒェン（集）』（いわゆるグリム童話集の正式タイトル） **der Bruder, Brüder:** 兄弟 **weltbekannt:** 世界的に知られている **außerdem:** その他に **das Weltdokumentenerbe:** 世界記憶遺産（**die Welt:** 世界 **das Dokument, -e:** 文書、記録 **das Erbe:** 遺産） **die Sammlung:** 収集 **neben ...**[D/3]**:** …と並んで **die Bibel:** 聖書 **die Übersetzung:** 翻訳 **das bekannteste Buch:** 最も知られた本〔**bekanntest = bekannt**「知られた」の最上級〕 **die Kulturgeschichte:** 文化史（**die Kultur:** 文化 **die Geschichte:** 歴史） **es gibt ...**[A/4]**:** …がある **sie = die Kinder- und Hausmärchen** **in über 160 verschiedenen Sprachen:** 160よりも多い様々な言語で（**über:** ～を超えた **verschieden:** 異なった **die Sprache, -n:** 言語） **die Grimmwelt:** グリムの世界（グリムをテーマにした博物館） **die größte Textsammlung:** 最大のテクスト収集（**größt-:** 最大の〔**groß**の最上級〕 **der Text, -e:** テクスト） **umfassen:** 包括する **mehr als ...:** …よりも多くの **der Band, Bände:** 巻 **die beiden Brüder:** ふたりの兄弟 **sammeln:** 集める **die Geschichte, -n:** 物語 **aus ...**[D/3]**:** …から **die Kultur, -en:** 文化 **so:** こうして **beide:** ふたつの、ふたりの **neu:** 新しい **die Tradition:** 伝統 **schaffen**：創造する、生み出す

より正確で美しい発音を目指しましょう。【文のリズム】

DL 75

・しっかり伝えたい情報部分を強く発音するのが基本です。一般的には、動詞と名詞が強く発音されます。冠詞や代名詞は、一般に軽く発音してかまいません。

Darf ich hier fotografieren? — Ja, hier dürfen Sie fotografieren.

○ ◦ ○ ◦ ◦ ◦ ◎ ◦ ◎ ◦ ○ ◦ ◦ ◦ ◦ ◦ ◎ ◦

Was hast du gemacht? — Da war ich in Regenburg und habe die Stadt besichtigt.

◦ ○ ◦ ◦ ◎ ◦ ○ ◦ ◦ ◎ ◦ ◦ ◦ ○ ◦ ◦ ◎ ◦ ◎ ◦

・次の場合、「ソーセージを食べてみた？」という問いに対する答えなので、「どんな味」かを伝えたいので、wunderbarが強調されます。

Hast du Würstchen gegessen? — Ja, sie haben wunderbar geschmeckt!

○ ◦ ◎ ◦ ◦ ◎ ◦ ◎ ◦ ○ ◦ ◎ ◦ ◦ ◦ ◎

基本練習1　次の文を現在完了形にして、パートナーと練習しましょう。

1) ● Isst du schon zu Mittag? ◆ Ja, in der Mensa esse ich schon zu Mittag.

● ______________________ ◆ ______________________________________

[essen – gegessen]

2) ● Was machst du denn ? ◆ Ich spiele mit meinen Freunden Fußball.

● ______________________ ◆ ______________________________________

[machen – gemacht / spielen – gespielt]

3) ● Was studieren Sie in München? ◆ In München studiere ich Jura.

● __________________________ ◆ __________________________________

[studieren – studiert]

4) ● Besuchen Sie schon Ihre Großmutter? ◆ Ja, ich besuche sie schon.

● ______________________________ ◆ _____________________________

[besuchen – besucht]

5) ● Das verstehe ich nicht. ◆ Warum fragst du nicht?

● ______________________ ◆ ______________________________________

[verstehen – verstanden / fragen – gefragt]

基本練習2　次の文を現在完了形にして、パートナーと練習しましょう。

1) ● Wohin fährst du in den Sommerferien? ◆ In den Sommerferien fahre ich nach Hamburg.

● ____________________________ ◆ ________________________________

[fahren – gefahren]

2) ● Geht ihr ins Kino? ◆ Ja, wir gehen ins Kino und sehen einen Film.

● ______________________ ◆ ______________________________________

[gehen – gegangen ; sehen - gesehen]

3) ● Um wie viel Uhr kommt der Zug an? ◆ Der Zug kommt um 17.45 Uhr an.

● ____________________________ ◆ ________________________________

[ankommen – angekommen]

4) ● Steht ihr immer früh auf? ◆ Ja, wir stehen immer um 5 Uhr auf.

● ______________________ ◆ ______________________________________

[aufstehen – aufgestanden]

5) ● Wohin reist Aika? ◆ Sie reist nach Grönland.

● ______________________ ◆ ______________________________________

[reisen – gereist]

著者紹介
柿沼義孝（かきぬま　よしたか）
　獨協大学外国語学部ドイツ語学科
黒子葉子（くろご　ようこ）
　獨協大学外国語学部ドイツ語学科
佐藤恵（さとう　めぐみ）
　慶應義塾大学文学部独文学専攻
マティアス・ビティヒ　Matthias Wittig
　獨協大学外国語学部ドイツ語学科
矢羽々崇（やはば　たかし）
　獨協大学外国語学部ドイツ語学科

ABCドイツ語　初級総合読本１

2024年２月１日　印刷
2024年２月10日　発行

著　者© 柿沼義孝
黒子葉子
佐藤恵
マティアス・ビティヒ
矢羽々崇
発行者　岩堀雅己
印刷所　開成印刷株式会社

発行所　101-0052東京都千代田区神田小川町3の24
電話 03-3291-7811（営業部），7821（編集部）
www.hakusuisha.co.jp
乱丁·落丁本は、送料小社負担にてお取り替えいたします。
株式会社 白水社

振替 00190-5-33228
株式会社島崎製本

ISBN978-4-560-06441-2

Printed in Japan

不規則変化動詞

不　定　詞	過去基本形	過　去　分　詞	直説法現在	接　続　法 II
befehlen 命じる	**befahl**	**befohlen**	ich　befehle du　befiehlst er　befiehlt	beföhle/ befähle
beginnen 始める, 始まる	**begann**	**begonnen**		begänne/ 稀 begönne
beißen 嚙む	**biss** du bissest	**gebissen**		bisse
biegen 曲がる (s); 曲げる (h)	**bog**	**gebogen**		böge
bieten 提供する	**bot**	**geboten**		böte
binden 結ぶ	**band**	**gebunden**		bände
bitten 頼む	**bat**	**gebeten**		bäte
blasen 吹く	**blies**	**geblasen**	ich　blase du　bläst er　bläst	bliese
bleiben とどまる (s)	**blieb**	**geblieben**		bliebe
braten (肉を) 焼く	**briet**	**gebraten**	ich　brate du　brätst er　brät	briete
brechen 破れる (s); 破る (h)	**brach**	**gebrochen**	ich　breche du　brichst er　bricht	bräche
brennen 燃える, 燃やす	**brannte**	**gebrannt**		brennte
bringen もたらす	**brachte**	**gebracht**		brächte
denken 考える	**dachte**	**gedacht**		dächte
dringen 突き進む (s)	**drang**	**gedrungen**		dränge

不定詞	過去基本形	過去分詞	直説法現在	接続法 II
dürfen …してもよい	**durfte**	**gedurft/** **dürfen**	ich darf du darfst er darf	dürfte
empfehlen 勧める	**empfahl**	**empfohlen**	ich empfehle du empfiehlst er empfiehlt	empföhle/ empfähle
essen 食べる	**aß**	**gegessen**	ich esse du isst er isst	äße
fahren (乗物で)行く (s, h)	**fuhr**	**gefahren**	ich fahre du fährst er fährt	führe
fallen 落ちる(s)	**fiel**	**gefallen**	ich falle du fällst er fällt	fiele
fangen 捕える	**fing**	**gefangen**	ich fange du fängst er fängt	finge
finden 見つける	**fand**	**gefunden**		fände
fliegen 飛ぶ(s, h)	**flog**	**geflogen**		flöge
fliehen 逃げる(s)	**floh**	**geflohen**		flöhe
fließen 流れる(s)	**floss**	**geflossen**		flösse
fressen (動物が)食う	**fraß**	**gefressen**	ich fresse du frisst er frisst	fräße
frieren 寒い, 凍る (h, s)	**fror**	**gefroren**		fröre
geben 与える	**gab**	**gegeben**	ich gebe du gibst er gibt	gäbe
gehen 行く(s)	**ging**	**gegangen**		ginge
gelingen 成功する(s)	**gelang**	**gelungen**	es gelingt	gelänge
gelten 通用する	**galt**	**gegolten**	ich gelte du giltst er gilt	gälte/ gölte

不　定　詞	過去基本形	過 去 分 詞	直説法現在	接 続 法 II
genießen 楽しむ	**genoss** du genossest	**genossen**		genösse
geschehen 起こる(s)	**geschah**	**geschehen**	es geschieht	geschähe
gewinnen 得る	**gewann**	**gewonnen**		gewönne/ gewänne
gießen 注ぐ	**goss** du gossest	**gegossen**		gösse
gleichen 等しい	**glich**	**geglichen**		gliche
graben 掘る	**grub**	**gegraben**	ich grabe du gräbst er gräbt	grübe
greifen つかむ	**griff**	**gegriffen**		griffe
haben 持っている	**hatte**	**gehabt**	ich habe du hast er hat	hätte
halten 保つ	**hielt**	**gehalten**	ich halte du hältst er hält	hielte
hängen 掛かっている	**hing**	**gehangen**		hinge
heben 持ちあげる	**hob**	**gehoben**		höbe
heißen …と呼ばれる	**hieß**	**geheißen**		hieße
helfen 助ける	**half**	**geholfen**	ich helfe du hilfst er hilft	hülfe/ 稀 hälfe
kennen 知っている	**kannte**	**gekannt**		kennte
klingen 鳴る	**klang**	**geklungen**		klänge
kommen 来る(s)	**kam**	**gekommen**		käme

不　定　詞	過去基本形	過 去 分 詞	直説法現在	接 続 法 II
können …できる	**konnte**	**gekonnt**/ **können**	ich kann du kannst er kann	könnte
kriechen はう(s)	**kroch**	**gekrochen**		kröche
laden 積む	**lud**	**geladen**	ich lade du lädst er lädt	lüde
lassen …させる, 放置する	**ließ**	**gelassen**/ **lassen**	ich lasse du lässt er lässt	ließe
laufen 走る, 歩く (s, h)	**lief**	**gelaufen**	ich laufe du läufst er läuft	liefe
leiden 苦しむ	**litt**	**gelitten**		litte
leihen 貸す, 借りる	**lieh**	**geliehen**		liehe
lesen 読む	**las**	**gelesen**	ich lese du liest er liest	läse
liegen 横たわっている	**lag**	**gelegen**		läge
lügen 嘘をつく	**log**	**gelogen**		löge
meiden 避ける	**mied**	**gemieden**		miede
messen 計る	**maß**	**gemessen**	ich messe du misst er misst	mäße
mögen 好む	**mochte**	**gemocht**/ **mögen**	ich mag du magst er mag	möchte
müssen …しなければ ならない	**musste**	**gemusst**/ **müssen**	ich muss du musst er muss	müsste
nehmen 取る	**nahm**	**genommen**	ich nehme du nimmst er nimmt	nähme
nennen 名づける	**nannte**	**genannt**		nennte

不　定　詞	過去基本形	過 去 分 詞	直説法現在	接 続 法 II
preisen 称賛する	**pries**	**gepriesen**		priese
raten 助言する	**riet**	**geraten**	ich rate du rätst er rät	riete
reißen 裂ける(s); 裂く(h)	**riss** du rissest	**gerissen**		risse
reiten 馬で行く(s, h)	**ritt**	**geritten**		ritte
rennen 駆ける(s)	**rannte**	**gerannt**		rennte
riechen におう	**roch**	**gerochen**		röche
rufen 呼ぶ, 叫ぶ	**rief**	**gerufen**		riefe
schaffen 創造する	**schuf**	**geschaffen**		schüfe
scheiden 分ける	**schied**	**geschieden**		schiede
scheinen 輝く, …に見える	**schien**	**geschienen**		schiene
schelten 叱る	**schalt**	**gescholten**	ich schelte du schiltst er schilt	schölte
schieben 押す	**schob**	**geschoben**		schöbe
schießen 撃つ, 射る	**schoss** du schossest	**geschossen**		schösse
schlafen 眠る	**schlief**	**geschlafen**	ich schlafe du schläfst er schläft	schliefe
schlagen 打つ	**schlug**	**geschlagen**	ich schlage du schlägst er schlägt	schlüge
schließen 閉じる	**schloss** du schlossest	**geschlossen**		schlösse

不　定　詞	過去基本形	過　去　分　詞	直説法現在	接　続　法 II
schneiden 切る	**schnitt**	**geschnitten**		schnitte
***er*schrecken** 驚く	**erschrak**	**erschrocken**	ich erschrecke du erschrickst er erschrickt	erschräke
schreiben 書く	**schrieb**	**geschrieben**		schriebe
schreien 叫ぶ	**schrie**	**geschrie[e]n**		schriee
schreiten 歩む(s)	**schritt**	**geschritten**		schritte
schweigen 黙る	**schwieg**	**geschwiegen**		schwiege
schwimmen 泳ぐ(s, h)	**schwamm**	**geschwommen**		schwömme/ schwämme
schwören 誓う	**schwor**	**geschworen**		schwüre/ 稀 schwöre
sehen 見る	**sah**	**gesehen**	ich sehe du siehst er sieht	sähe
sein ある, 存在する	**war**	**gewesen**	直説法現在　接続法 I ich bin　sei du bist　sei[e]st er ist　sei wir sind　seien ihr seid　seiet sie sind　seien	wäre
senden 送る	**sandte/** **sendete**	**gesandt/** **gesendet**		sendete
singen 歌う	**sang**	**gesungen**		sänge
sinken 沈む(s)	**sank**	**gesunken**		sänke
sitzen 座っている	**saß**	**gesessen**		säße
sollen …すべきである	**sollte**	**gesollt/** **sollen**	ich soll du sollst er soll	sollte

不定詞	過去基本形	過去分詞	直説法現在	接続法 II
sprechen 話す	**sprach**	**gesprochen**	ich spreche du sprichst er spricht	spräche
springen 跳ぶ(s, h)	**sprang**	**gesprungen**		spränge
stechen 刺す	**stach**	**gestochen**	ich steche du stichst er sticht	stäche
stehen 立っている	**stand**	**gestanden**		stünde/ stände
stehlen 盗む	**stahl**	**gestohlen**	ich stehle du stiehlst er stiehlt	stähle/ 稀 stöhle
steigen 登る(s)	**stieg**	**gestiegen**		stiege
sterben 死ぬ(s)	**starb**	**gestorben**	ich sterbe du stirbst er stirbt	stürbe
stoßen 突く(h); ぶつかる(s)	**stieß**	**gestoßen**	ich stoße du stößt er stößt	stieße
streichen なでる	**strich**	**gestrichen**		striche
streiten 争う	**stritt**	**gestritten**		stritte
tragen 運ぶ	**trug**	**getragen**	ich trage du trägst er trägt	trüge
treffen 出会う	**traf**	**getroffen**	ich treffe du triffst er trifft	träfe
treiben 駆りたてる	**trieb**	**getrieben**		triebe
treten 踏む(h); 歩む(s)	**trat**	**getreten**	ich trete du trittst er tritt	träte
trinken 飲む	**trank**	**getrunken**		tränke
tun する, 行う	**tat**	**getan**		täte

不　定　詞	過去基本形	過 去 分 詞	直説法現在	接 続 法 II
verderben だめになる(s); だめにする(h)	**verdarb**	**verdorben**	ich verderbe du verdirbst er verdirbt	verdürbe
vergessen 忘れる	**vergaß**	**vergessen**	ich vergesse du vergisst er vergisst	vergäße
verlieren 失う	**verlor**	**verloren**		verlöre
wachsen 成長する(s)	**wuchs**	**gewachsen**	ich wachse du wächst er wächst	wüchse
waschen 洗う	**wusch**	**gewaschen**	ich wasche du wäschst er wäscht	wüsche
weisen 指示する	**wies**	**gewiesen**		wiese
wenden 向きを変える	**wandte/** **wendete**	**gewandt/** **gewendet**		wendete
werben 募集する	**warb**	**geworben**	ich werbe du wirbst er wirbt	würbe
werden …になる(s)	**wurde**	**geworden/** 受動 **worden**	ich werde du wirst er wird	würde
werfen 投げる	**warf**	**geworfen**	ich werfe du wirfst er wirft	würfe
wiegen 重さを量る	**wog**	**gewogen**		wöge
wissen 知っている	**wusste**	**gewusst**	ich weiß du weißt er weiß	wüsste
wollen 欲する	**wollte**	**gewollt/** **wollen**	ich will du willst er will	wollte
ziehen 引く(h); 移動する(s)	**zog**	**gezogen**		zöge
zwingen 強制する	**zwang**	**gezwungen**		zwänge